悩んでいる時に
アイデアが生まれ、
元気な時に
実行する。

中谷彰宏

あきひろ

この本は3人のために書きました。

❶悩みを抱えている人。

❷相談する人がいない人。

❸大切な人の悩みを解決してあげたい人。

プロローグ

つらいことがあった時も、いつも通りの生活を変えない。

今しんどくて悩んでいるからといって、いつもと違うことをしようとする必要はまったくありません。

いつも通りにすることによって、へこんだ気持ちを元に戻せます。

そのために習慣が大切なのです。

たとえば、家族が亡くなると「喪中《もちゅう》」になります。

その時、通常営業ではなく、謹慎したり、静かな生活をしてしまうと、悲しみから抜け出せません。

災害があると、

「こういう時にイベントとかお花見はしないほうがいいんじゃないか」

と、よく心配します。

一番大切なのは、通常通り、いつも通りのことをしておくことです。

いつも通りにすることで、気持ちが立て直せるので、悩みを抜け出せます。

悩む人と悩まない人は、運や才能に差があるわけではありません。

悩まない人は、つらいことがあっても変えない習慣を持っているのです。

その習慣が安全ネットになり、弾力性を持って、気持ちを立て直してくれます。

たとえば、つらいことがあっても、毎週行っている習いごとはそのまま行き続けることです。

「すみません、ちょっとつらいことがあったのでしばらく休ませてもらいます」と言うと、リズムが崩れます。

悩みごとから抜け出せなくなってしまいます。

悩み続けている人は、悩まない人の習慣を手に入れればいいのです。

悩まない人の習慣

01

つらい時こそ、いつも通りの習慣を守ろう。

悩まない人の63の習慣

□ 12 ── 黙認に、感謝しよう。
□ 13 ──「寝る前のメールチェック」をやめよう。
□ 14 ── 時間薬を使おう。
□ 15 ── 自分の死生観を持とう。
□ 16 ── いい場所を、取っておいてもらおう。
□ 17 ── 本人に、告知しよう。
□ 18 ── しんどいことに、生きている実感を味わおう。
□ 19 ── 食べ物の幅を広げよう。
□ 20 ── 好きなものより、初めてのものを食べよう。
□ 21 ── 気持ちに共感し、淡々と手術しよう。
□ 22 ── わけがわからない現代アートを見よう。
□ 23 ── 最初に手が触れたモノを選ぼう。
□ 24 ── 運転席に乗ろう。
□ 25 ── 失敗記録をつくろう。

□ 26 ── わかりやすいものを、求めない。
□ 27 ── トンネルの時代に、本当の仲間と出会おう。
□ 28 ── もっと緊張して、早く通り過ぎよう。
□ 29 ── 鼻歌を、歌おう。
□ 30 ── 友達を増やそうとしない。
□ 31 ── 悩んでいる時に、アイデアを出そう。
□ 32 ── 元気な時に、実行しよう。
□ 33 ── 元気を悩む人にあげよう。
□ 34 ── 美人でないことに、感謝しよう。
□ 35 ── 不足に、感謝しよう。
□ 36 ── お酒のお誘いは、お茶を提案しよう。
□ 37 ── 全体でなく、できる部分を提案しよう。
□ 38 ── 優先順位を聞こう。
□ 39 ── 苦手な人にこそ、マナーよくしよう。

□ 40 ―― つま先とカカトをちゃんとしよう。
□ 41 ―― 制服をジャストサイズにお直ししよう。
□ 42 ―― 姿勢をよくし、深い呼吸をしよう。
□ 43 ―― 人も自分も傷つけない。
□ 44 ―― まず1カ所だけ、きれいにしよう。
□ 45 ―― 考える時、登場人物を増やさない。
□ 46 ―― 心のブレーキをはずそう。
□ 47 ―― ハズレを楽しもう。
□ 48 ―― ミスを認めよう。
□ 49 ―― 声に出そう。
□ 50 ―― 「自分は変われる」と信じよう。
□ 51 ―― 信頼しよう。
□ 52 ―― 自分の問題から、逃げまわらない。
□ 53 ―― 愛で選んだことにクヨクヨしない。

●目　次

第2章 ネガティブな感情を、否定しない。

——不安を感じたら、場所を移そう。

第3章 ストライクゾーンを、広くしよう。

――これしかない、と思うから悩む。

第4章 いまの悩みが将来の、財産になる。

――恵まれていないことに、感謝しよう。

第5章　悩みは工夫で、解決できる。

――気持ちを切り替えて、トラブルを遠ざけよう。

第6章 欲しくない答えも、受け入れよう。
――いま以上に、悩みを大きくしないコツ。

第1章

悩みがあるけど、悩み続けない。

――悩みの種がわかれば、悩まない。

悪口を言う人は、自分が落ち込んでいる人だ。

悪口を言われると、悩みます。

悪口は昔からありました。

ネット社会は、ますます悪口を言われやすい状況になっています。

自分はネットを見なくても、仲よしの友達が「こんな悪口を書かれているから、気をつけたほうがいいよ」とか「気にしないほうがいいよ」と忠告してくれるのです。

時にはＵＲＬまで教えてくれます。

悪意はありませんが、それは言わなくてもいいことです。

これは悪口に対する知識不足です。

悪口は、相手に非がある時に言うのではないのです。

悪口を言う人には4つの状況があります。

① 負荷がかかっている

悪口を言う人には負荷がかかっています。
人間は、負荷がかかると、人の悪口を言うようになります。
自分が悩んでいるから、相手を悩ませてバランスをとろうとするのです。

② 疲れている

疲れた時も悪口を言いたくなります。
元気な時、ラブラブの時に悪口を言う人はいないのです。

③ 叱られた

叱られた時も悪口を言い始めます。

④ ほかの人がほめられた

ほめられた人に対して悪口を言うのです。
悪口を言われるのは、誰かがほめてくれたということです。

人間の脳はバランスをとりたがっています。

それを知っていれば、悪口を言われても平気です。

悪口を言う人は精神的にへこんでいるのです。

悪口を言われたら、悪口を言っている人を「かわいそうに」と同情してあげればいいのです。

悩まない人の習慣

02

悪口を言われたら、同情してあげよう。

反対意見を言われても、自分を攻撃されたわけではない。

反対意見を言われた時にへこむのは、自分自身を攻撃されたと思うからです。
反対意見は、自分が言った「意見」に反対されただけです。
人格すべてに反対ではないのです。
たとえば、上司に企画を出した時に「面白くない」と言われます。
それは企画が面白くないと言っただけです。
「あなた」という人間が面白くないとは言っていません。
言われた側は全人格を否定されたように感じるのです。
これは、しなくていい悩みです。
「なんで私の全人格を否定されなければいけないの」と言いますが、そんなことはされていないのです。

反対された人は、つい論破しようとしがちです。

「この企画はいまいちだ」と言われた時に、「そんなことはない。それはあなたに見る目がない。なぜならば、理由は3点あって……」という形になるのです。

論破は無限のあだ討《う》ち地獄を引き起こします。

論破した相手から復讐されるのです。

反対意見は、感情ではなく、ロジックで来ます。

反対された側は、そこに感情を感じて、「私は嫌われている」と解釈します。

上司的には、その人を嫌ったわけではありません。

その企画がいまいちと言っただけなのに、「否定されたということは、私は嫌われている。あの人の意見が通ったということは、あの人は好かれている」と考えるのです。

それは持ち込まなくていい感情を持ち込んでいるのです。

企画を1つボツにされると、「このあと何を持って行っても通る気がしない」という気持ちになります。

単純化し、一般化していくのです。

上司が「いまいち」と言ったのは、どこかを改善したら、なんとかなる可能性があるということです。

悩む人は、それを「おまえのアイデアは0点だ。紙のムダづかいだ」と勝手に解釈してしまうのです。

まわりにはいい人がいて、慰《なぐさ》めてくれます。

その慰めが、また不安をあおります。

不安をあおるような意見に惑《まど》わされないことが大切なのです。

悩まない人の習慣 03

不安をあおる意見に乗らない。

まとまる話は、
何があっても、まとまる。
まとまらない話は、
何があっても、まとまらない。

契約や企画の交渉、プレゼンは、通るかどうか、まとまるかどうかが不安です。
これはクヨクヨしても始まりません。
まとまる話は、どう転んでもまとまります。
まとまらない話は、何をしてもまとまりません。
それだけです。

ボツになっても、「これはまとまらない話だったんだな」と思うと、クヨクヨしなくなります。

「まとまる」と「まとまらない」の中間はありません。

フラれる時はフラれるし、OKな時はOKです。

「50％まとまる」ということは、ないのです。

まとまらない話をムリヤリまとめると、あとがもっとこじれていきます。

まとまらない話はまとめないことが、こじれないコツです。

これは私が博報堂で最初に学んだことです。

「この企画は絶対いい」と言って、まとまらない企画をムリヤリ押し込んでいくと、結果として誰も納得いかない企画になります。

会社もクライアントも、どちらもハッピーでなくなるのです。

悩まない人の習慣

04

まとまるかどうか、クヨクヨしない。

書くのではない。書き続けるのだ。

「本を書きたいんですけど書けないんです。どうしたらいいでしょうか」と聞く人がいます。

本当に大切なことは、書くことではありません。

書ける人は、書き続けます。

書けない人は、書こうとしていないのです。

「書く」と、「書き続ける」とは決定的に違います。

書く人は、書けない時は書きません。

書き続ける人は、書けない時も書き続けるのです。

企画は、通らないのではありません。

企画を出し続けることで、通る企画が出てくるのです。
習いごとは、うまくいかない時も習い続けます。

ダイエットや運動、勉強も、ただするのではなく、し続けるのです。
交際を申し込むなら、断られても諦《あきら》めずに申し込み続けることです。
結果が出ない時こそ、続ければいいのです。

悩まない人の習慣

05

続けよう。

ボツになった企画は、しないほうがよかった企画だ。

企画がボツになった時は、その企画にしがみつかないことです。

たとえば、タクシーを待っていると、いきなり川上にあらわれた人に先にタクシーを持っていかれました。

それは、自分が乗らなかったほうがいいタクシーです。

乗り遅れた飛行機は、乗らなかったほうがいい飛行機です。

自分のそばから離れていった人は、かかわり合わなかったほうがよかった人です。

これはすべて、神様のシナリオでできて上がっています。

タクシー待ちの川上にあらわれた人に、「ちょっと、すみません、それ、私のタクシーなんですけど」と文句を言う必要はありません。

せっかく神様が調整してくれたのです。

そのタクシーは、イライラした空気を背負っていた可能性もあります。

むしろ、先にタクシーを拾ってくれた人に「すみませんね」と感謝したほうがいいです。

時間に遅れることより、イライラした空気を吸って、大切なお客様に会うことのほうがマイナスです。

これは、両方を試すことはできないので、比較のしようがありません。

悩まない人は、「神様はいいほうを選んでくれている」と、神様を信頼できるのです。

悩まない人の習慣

06

別れた人は、「かかわらないほうが、よかった人だ」と考えよう。

状況がわからない人に、何を言われても、平気。状況がわからないんだから。

新しく恋人ができた時に親友に相談すると、必ず「あの人はダメダメ。やめといたほうがいい」と反対されます。

理由は簡単です。

今まで一緒にごはんを食べていた親友が、新恋人に奪われるからです。

その恋人がカッコよかったら、親友だってその人とつきあいたいのです。

唯一「いい人なんじゃない？」と賛成してくれるのは、ヘボい男だった時です。

自分にマイナス感がないからです。

カッコよくて性格もいい人なら、「あれは絶対浮気するから、やめたほうがいい」と反対するのです。

離婚の相談でも、友達は必ず反対します。

「ないものねだりしちゃダメ。どこの夫婦も、みんなガマンしてるんだよ」と言われます。

仕事でも、「なんであんなヘンなのになっちゃったの?」「おかしいよ」「ヘンじゃない?」ということが起こります。

仕事は関係者のいろいろな思惑《おもわく》があります。

ベストなものをつくるために、理想と妥協のギリギリいっぱいの戦いになります。

その中で、最終的な制作物・作品・仕事が生まれるのです。

それに対してとやかく言う人は、状況がわかっていない人です。

ダサいCMを見て「あのCMはひどいな」と言うのは、CMをつくったことのない人です。

実際にCMをつくっている人は、ほかの人がつくったCMを見た時に、「これはよく頑張ったね。普通はクライアントに通らないけどね」と思います。

ダサいＣＭを見ても、「クリエイターとして最低だな」とは考えません。

「この厳しいクライアントで、ここまでできたら凄い」と考えるのです。

約束ごとや制約がたくさんあるクライアントや業界もあります。

そういう事情は、外野にはわかりません。

状況をいちいち説明しても、通じないのです。

状況がわかっている人は、ゴチャゴチャ言いません。

状況がわからない人はヤジ馬になります。

倒れている人にＡＥＤを行っている時も、外野は「そこをもっとこうして」と、ゴチャゴチャ言っています。

「そんなヒマがあるなら手伝って」と言いたくなるのです。

悩まない人の習慣

07 状況がわからない人の悪口を気にしない。

ヘンなあだ名より、あだ名のないことが寂しい。

悩みごとで、「生徒たちにヘンなあだ名をつけられるんですけど」と、学校の先生が言っていました。

「いや、あだ名をつけられるって素晴らしいじゃないですか」と言うと、「もっとカッコいいあだ名が欲しい」と言うのです。

あだ名に「カッコいい」はありません。

ヘンなあだ名をつけられるのは、愛情表現です。

上司をあだ名で呼べたら、その上司と部下の関係は強いです。

かかわり合いたくない人は、ちゃんと名字や肩書で呼びます。

あだ名で呼ぶということは、その人に愛着を感じている証拠です。

あだ名で呼ばれるのはいいことなのです。
ところが、今、「あだ名禁止」の学校があります。
いじめにつながるからと、友達同士のあだ名も禁止しています。
スポーツをする時は、名前で呼ぶと間違えやすいです。
私は小学4年生の時、子ども会で野球をしていました。
上級生もいるので、みんなあだ名で呼ぶのが一番早いわけです。
声かけする時や、フライが上がった時に、私はいっとき「鼻血」と呼ばれていました。
ボールが当たって、鼻血が出たことがあったためです。
その出来事があってから「鼻血」と呼ばれるようになりました。
私も、「鼻血」と呼ばれたら返事をしていました。
あだ名は、誰だか一番わかりやすいのです。
カッコいいあだ名はまったく定着しません。
それよりは、自分につけられたあだ名を受け入れていけばいいのです。

それは嫌われてつけられたわけではありません。
あだ名をつけると、相手とかかわりが発生してしまうからです。
嫌いな人には、あだ名はつかないのです。

悩まない人の習慣

08

あだ名を受け入れよう。

全員に嫌われない人は、熱烈に愛してもらえない。

悩む人は、全員に嫌われたくないという恐怖感が強いのです。

特に、ネット社会においては炎上することがあります。

ただ、全員に嫌われないことが実現するならば、熱烈に愛してくれる人も誰もいなくなります。

いわゆる可もなく不可もなくという状態です。

ベストセラーは、賛否両論です。

「これは、誰もけなす人はいないよね」という企画はヒットしません。

賛否両論は、読まない人は読まない、読んだ人は「これは面白い」と、くっきり分かれます。

世界中の人全員を相手にしなくていいのです。

世界中で「よい」と言ってくれる一部の人を大切にします。

その人がもっと満足するように努力するのです。

悩まない人は、アンケートに振りまわされません。

アンケートは平均値でしかないからです。

「あのミュージシャンてどうなの？」と言う人は、ライブに行ったことがない人です。

そういう人の意見をアンケートに加える必要もないのです。
T.M.Revolutionの西川貴教さんは、体を鍛えて体脂肪率1ケタを維持しています。
ダウンタウンの松本人志さんも体を鍛えているので、西川さんの体を見ると、どういう鍛え方で、どれだけトレーニングしているかよくわかります。

ネットで、一部の人が西川さんについて「あれってどうなの？」と書いたそうです。

それに対して、西川さんは『あれってどうなの？』って言う人いるんですけど、やってから言ってくださいね」と余裕で笑っていました。

私は、西川さんの対応の男らしさに拍手しました。

「あれってどうなの？」と言うのは、そのことを体験していない人です。

体験してわかっている人は、「すごいなあ」と称賛します。

体験していない人のコメントは、気にする必要はないのです。

炎上は、すべて体験していない人の意見です。

読んでいない人、ライブに来たことがない人が言っているので、なんら影響はありません。「ベストセラーの〇〇という本はどうなの？　買ったけどさ」と言う人は、パラパラと読んだだけです。

体験した人は、「あれってどうなの？」とは言わないのです。

悩まない人の習慣

09

嫌いな人を、赦《ゆる》そう。

第2章

ネガティブな感情を、否定しない。

——不安を感じたら、場所を移そう。

この先どうなるのか、悩むヒマがあったら、技を磨く。

「ぼんやりとした不安」で悩むのは、芥川龍之介以来悩みの定番です。

漠然とした不安は、具体的な不安よりも、はるかに強いのです。

それは「自分はこれからどうなるかわからない」という悩みです。

「明日の資金繰《ぐ》りに困っている人の不安」と「ぼんやりとした不安」とでは、「ぼんやりとした不安」のほうが、不安としては強いのです。

明日の資金繰りに困っている人は、資金繰りに駆けまわっています。

悩んでいるヒマはありません。

悩まない人の習慣

10 悩む時間に、本を読もう。

ぼんやりとした不安の人は、たっぷり悩めます。

そのわりには、自分が何を悩んでいるのかわからないのです。

「いったいなんなの」と聞くと、「将来が不安です。自分はこのまま給料が上がらないような気がする」と言うのです。

そんなことで悩んでいても、給料は上がりません。

悩むヒマがあったら、その時間で勉強したほうがいいのです。

勉強したら能力がつくので、給料が上がる可能性が出てきます。

悩んでいる人は行動が伴わないのです。

時間の使い方は、「悩む」と「技を磨く」の二者択一です。

悩みながら技を磨いている人はいません。

技を磨いている人は、悩んでいるヒマがないのです。

届かなくても、北極星を持つことで、迷わない。

旅人が迷わない方法は、北極星を目指すことです。
北極星は、常に一定の方向にあります。
人間に置きかえると、「先生」と「夢」が、その人が迷わないですむ北極星です。
大切なのは、北極星には永遠に届かないということです。
北極星に行くわけではないので、届かなくても悩む必要はありません。
北極星は、自分の行くべき道を指し示すものです。
届かない夢を持っている人は、迷わないのです。
つい届く夢ばかり探そうとします。
届く夢は近いので、北極星の役割はできません。

近くの建物を基準にすると、道に迷います。

場所によって関係性が変わるからです。

富士山とか海とか、大きいものでも、近づくと位置関係が右に見えたり左に見えたりします。

大切なのは先生を持つことです。

夢を持つなら、かなわない夢を持つことです。

少し手を伸ばしたらかないそうな夢に下方修正する人は、迷い始めるのです。

悩まない人の習慣 11

先生を持とう。

許可ではなく、寛容を求める。

部下から上司、自分からお客様の関係では、許可を求めても、許可はおりません。

相手に求めるのは、許可ではなく、寛容です。

寛容は応援とも違います。

「○」でも「×」でもなく、「△」のところにあります。

「ギリギリ」とか「黙認」ということです。

一番ありがたいのは、許可や応援よりも、黙認です。

子どもの社会では、「許可する」と「許可しない」のどちらかです。

大人の社会では、「許可する」と「許可しない」との間に「黙認」というファジーなものがあるのです。

悩まない人の習慣

12

黙認に、感謝しよう。

「オレは聞いていない。何も知らない」という状況にしてもらうのが、黙認です。
「オレは聞いていない」は、ネガティブな言葉ととられがちです。
組織の中では、「聞いていない」と言ってもらえるのは素晴らしいことなのです。

深い睡眠をすると、イヤなことは消去される。

悩みは眠りで消去されます。
そういう構造になっているのです。
高齢者が悩まないのは、眠りの回数が多いからです。
浅い眠りでは悩みは消えません。
悩みはノンレム睡眠で消えます。
ノンレム睡眠は深い眠りです。
レム睡眠は、夢を見ている浅い眠りです。
上質な睡眠をとれないと、悩みを消去することはできません。
ただ体の疲れをとるだけになるのです。

一番消したいのは、今日あったイヤなことです。

人間には自動消去機能のソフトが入っています。

ただ、これが機能するのは深い眠りに入っているノンレム睡眠に入っている時だけです。

上質の深い睡眠をとるためには、寝る前にメールチェックをしないようにします。

寝る前にメールチェックをすると、画面の光で脳が興奮して、睡眠が浅くなるのです。

マメな人は、寝る前に、念のためもう一回メールチェックをします。

これが「イヤなこと」を残すのです。

寝る前のメールチェックは必要ありません。

心配するほど急を要するメールはそんなに来ないからです。

寝る前にメールに返事をすると、相手のイヤなことを忘れるのを邪魔することにもなります。

ひょっとしたら、メールを見ないでガマンして寝ていたところに、「ブルッ」と来るのです。

万が一の急な用事だったらいけないと思ってメールを見ると、どうということはない内容なのです。

相手からは「もう寝ます」というメールが返ってきます。

「もう寝ます」と言われると、ムカつきます。

でも、先に送ったのは自分です。

「もう寝ます」には、「私も寝ます」という報復が来ます。

寝入りばなで、今まさに寝ようとていたところに、また「ブルッ」と来るのです。

これが睡眠を浅くするのです。

悩まない人の習慣

13

「寝る前のメールチェック」をやめよう。

不安は、一時的現象だから、通り抜ける。

不安の怖さは、「この不安が永遠に続くのではないだろうか」と心配になることです。

現実は違います。

不安は一瞬です。

ずっと不安を感じ続けることはないのです。

通り抜けるものだと思えば、どんな不安も怖くないのです。

「寒くなったから氷河期が来る」と、短絡的《たんらくてき》に思う人はいません。

寒くなったら、寒い時しか着られない服を着ればいいのです。

暑くなったら、暑い時しか着られない服を着ればいいわけで、「出たよ、温暖化」と大騒ぎする必要はないのです。

温暖化はもちろん解決策が必要です。

ただし、このまま東京が熱帯化することはありません。

暑さはずっと続くと思わずに、四季があるとわかっていれば安心できます。

四季を楽しめるのは、四季があることを知っているからです。

たとえば、「暑い、暑い」と言っていても、やがてお彼岸《ひがん》の時期になりました。

ＴＶの天気予報で「暑さ寒さも彼岸までと申しますが、まだまだ暑い日が続きますね」と聞くと、気候にローテーションがあることがわかります。

一時的現象は、時間が解決してくれるということです。

これを「時間薬」と言います。

常に時間薬を使えばいいのです。

たとえば、目の前のお客様がクレームで怒っています。

どんなお客様でも、怒り続けることはありません。

疲れてしまうからです。

怒ったあとは、毒が出て優しくなります。

ドラマでは、悪役チームは仲よくなれます。
セリフが悪だからです。
体の中にある悪を全部吐き出したあとは、すっきりします。
善玉のほうがきついのです。
いいセリフを言っていると、自分の中にある悪を吐き出せないからです。
ドラマの打ち上げでは、悪役の人たちのほうがいい人になってしまうのです。

悩まない人の習慣

14

時間薬を使おう。

死ぬことと生きることに区別はない。

最大の悩みは「死」です。
誰もが死は初体験なので、どうなるかよくわからないのです。
つらいのは、近親者の死です。
死生観をどう持つかが大切です。
死が突然来ると思うと、怖くなります。
死のとらえ方は、民族によって異なります。
私は大学時代に文化人類学を学んでいました。
どこから生で、どこから死かというのは、文化人類学の１つの大きなテーマです。
たとえば、ある部族は、ご遺体をテントの中に置いておきます。

その部族の中では、そのご遺体はまだ生きています。
やがて風化して、骨が朽《く》ち果てて、パカッと崩れた瞬間が「死」です。
一見、寿命はふつうより長くなりそうです。
一方で、「生」の始まりは遅いのです。
赤ちゃんは、立って歩くまでは「まだ生まれていない」とみなされます。
死生観は文化です。
それぞれの民族で違うのです。
安楽死とか堕胎《だたい》が議論になるのは、死生観が文化だからです。
死生観を持つことで、悩まなくなるのです。

悩まない人の習慣

15

自分の死生観を持とう。

大切な人の死は、別れじゃない。先に行っているだけだ。

生と死は、ぶつ切りではなく、直線的になだらかにつながっています。

たとえば、電車に乗ると、「ガタンゴトン、ガタンゴトン」と音が鳴っています。

あれは線路の継ぎ目を車輪が通過した時の音です。

暑い日に線路が膨張できるように、わざとスキ間をつくっているのです。

新幹線の線路も継ぎ目がありますが、高性能です。継ぎ目は斜めに切ってあります。

新幹線は高速で走行しているので、斜めの継ぎ目は150メートルにもなります。生と死は新幹線の線路と同じです。

切れているのではなく、だんだんと切りかわっていくのです。

人は、だんだんと死んでいきます。そう考えると、悲しくなくなります。

四十九日の間は、まだこの世にいるのです。

その時にメソメソしていたら、成仏《じょうぶつ》したくても安心して成仏できません。

天国は次の目的地です。「今ココ」と、まったく別世界ではないのです。

私の母親が亡くなった時に、母親と仲のよかった姉さんが、まるでお花見に行く時のように、「ええとこ、取っといてや」と声をかけました。

これは素晴らしい死生観です。

亡くなった人は、先にお花見に行っただけです。自分もやがて、そこに行きます。

順番です。行った先で、お父さんとお母さんにも会えるのです。

そう考えると、死に対する怖さはなくなります。

死は、決してかわいそうなことではないのです。

悩まない人の習慣

16

いい場所を、取っておいてもらおう。

告知は、隠す家族のストレスになり、知った本人の疎外感になる。

最近の医学の世界では、本人告知をすることが決まっています。
これは、家族が言われると、なかなか迷うところです。
昔のドラマでは、「ご家族を呼んでください」というシーンがよくありました。
今は違います。家族に言う前に、本人に告知します。
そのほうが悩みが少ないのです。
まず家族が聞くと、本人に伝えるかどうかでみんな悩みます。
「これは黙っておこうよ」となった時に、隠すのも家族のストレスになります。
妙にハイテンションになったり、黙っていていいものかと迷ったりします。
黙ると決めても、隠しているといううしろめたさがあります。

現代のネット社会は、どこでどうつながって話が来るかわかりません。

自分が見ていたネットで、自分の病気を知るということが起こっているのです。

家族が「誰にも言わないでね」と言ったことが、めぐりめぐって、知らない人がクッションに入って本人が知った時に、「エッ、それなら言ってほしかった」と疎外感を感じます。

そうならないためにも、まず本人告知をしたほうが早くていいのです。

まわりの人はたいてい、「本人に言うと、落ち込んで、よけい病気が進んだらどうしようか」と考えます。

実際は、本人は告知をされても意外にビクつきません。

自分が心配していることが、相手も同じように心配するとは限らないのです。

1人1人の悩みの種類やレベルは、みんなまちまちなのです。

「それ、そんな悩むことですか」ということと、「それ、平気なんですか」ということも、個人差があります。

それならば、事実を言ってあげたほうがみんながラクになります。

患者さんの家族は「第2の患者」です。

患者さんだけでなく、家族が元気で居続けることも大切なのです。

悩まない人の習慣

17

本人に、告知しよう。

しんどいのは、生きている証拠。しんどさがなくなったら、生きてはいない。

怒りっぽい人が急に優しくなったら、心配です。
怒りっぽい人は、怒りっぽいのが元気のあかしだからです。
頑固者は、頑固であることで元気を保っているのです。
突然、頑固者が好々爺《こうこうや》になってしまったら、かえって心配です。
急に神様に近づいていっている可能性があるからです。
角がとれるというのは、いいことではありります。

長生きしてほしいなら、角は角張ったままでいてもらうほうがいいのです。

「しんどいな」と思ったら、「これが生きていることなんだよね」と思えばいいのです。
マラソンも、しんどさを味わうことが醍醐味《だいごみ》なのです。

悩まない人の習慣

18

しんどいことに、生きている実感を味わおう。

第3章

ストライクゾーンを、広くしよう。

――これしかない、と思うから悩む。

好きなものしか食べない人は、生きる幅が狭くなって、ハズレの免疫力が弱くなる。

悩む人は、自分探しをしている人です。

「好きな仕事がなかなか見つからない。どうすれば好きな仕事が見つかりますか」と言うのです。

そういう人ほど、エントリーシートの性格欄に「好奇心が強い」と書いています。

これは「好奇心」の定義が間違っています。

好奇心とは、「好きではないことができること」です。

食べ物屋さんで見たことのない料理を頼める人が、好奇心の強い人です。

悩まない人の習慣

19

食べ物の幅を広げよう。

好きなメニューが売切れだからではありません。

好きなメニューがあるにもかかわらず、見たことのないメニューを選ぶのです。

「好きなことをしたい」と言っている人は、好奇心のない人です。

好きなことばかりしていると、毎日毎日、その人の幅が狭《せば》まっていきます。

世の中には、いろいろなことが起こります。

自分のストライクゾーンが狭くなると、見慣れていないことばかり起こることになるのです。

好きなものにこだわるのは、好奇心の放棄だ。好奇心とは、好きでなくても、食べてみることだ。

好きなものにこだわらないで、初めてのことに挑戦し続ける人は、ストライクゾーンが広くなります。

たいていのものが、そこにおさまるようになります。

何が起こっても、「こんなこともあるんだろう」と思えるのです。

ある外国の郷土料理のお店のメニューには、最初のページに「エキゾチックコーナー」というのがあります。

ほぼ、昆虫です。

「カブトムシ大」「カブトムシ小」「タケムシ」……、壁には「セミ入りました」と書いてあります。

それも1匹や2匹ではなく、お皿に山盛りのセミの唐揚げが生ビールのおつまみとして出てくるのです。

ここで「頼んでみようか」と思えるかどうかです。

食生活が好きなものに偏っていて、いつもの店のいつものモノばかり食べている人は、日常で起こる出来事が、すべてわけのわからないものになります。

人間関係の悩みは、「あんな人がいるなんて、信じられない」ということになるのです。

世の中には、いろいろな人がいます。

ふだんから、セミもカブトムシも食べ、タケムシなどという聞いたことのないものも食べている人は、ヘンな人が出てきても「新種の虫だな」と考えられます。

人によって、いろいろなこだわりがあるのです。

たとえば、CD屋さんに「このCDは、いいにおいがしますか」と聞くお客様が来ます。

それはそれで、その人の生き方なので、自由です。

そこで悩む必要は、まったくありません。

「ふだんはどういったにおいがお好みですか」と聞いて、教わればいいのです。

悩まない人の習慣 20

好きなものより、初めてのものを食べよう。

プロの医者は、共感と淡々の2つを持つ。

プロの仕事は、常に矛盾を抱えています。

アマチュアや趣味は、正しいことやメリットのあるものだけをすることができます。

仕事は、メリットとデメリットの両方があります。

デメリットのない仕事はありません。

メリットのあるものだけできるという選択肢はないのです。

プロのお医者さんは、共感性が必要です。

「それは大変だね」と共感し、患者さんのクオリティー・オブ・ライフを考えて、人生の楽しみをちゃんと残してあげることを考えます。

肝硬変《かんこうへん》の人に「お酒をやめなさい」と指導して、「お酒をやめたら死んだのも一緒」

と言う患者さんの気持ちがちゃんとわかるというのが共感です。
ただし、お酒を飲み続けていると、患者さんの寿命は縮まってしまいます。
もう一方で、お医者さんは淡々としたところが必要なのです。
冷たいぐらいの淡々さです。
共感と淡々は、相反することです。
たとえば、手術で頭蓋骨《ずがいこつ》をのこぎりで切ることがあります。
この時に、「痛いだろうな」と思うと手術はできません。
頭蓋骨を切る瞬間は、お医者さんは大工さんになっています。
手術する時には、善悪の共感性は邪魔になります。
それでは手が震えてしまうからです。
アメリカは、サイコパスという犯罪者が多いです。
サイコパスは、共感のない人です。
そのために残虐《ざんぎゃく》な行為ができるのです。
サイコパスは、お医者さんに向いています。

共感がないので、手術ができます。

「ここは切断したほうが生き延《の》びられるけど、それは大変だ」と共感していたら、手術はできないのです。

悩みの相談も同じです。

アドバイスをする人は、デメリットも受けます。

共感だけではアドバイスできません。

身の上相談は、共感だけで成り立っています。

そのため、「淡々と」という部分が持てません。

悩まない人は、共感と淡々をどちらも持てます。

それは、相手のためにいいことだからです。これこそがプロの意識なのです。

悩まない人の習慣

21

気持ちに共感し、淡々と手術しよう。

見慣れないものに接している人は、動揺しない。

「美しさ」とは、黄金比ということではありません。

「美しさ」の定義は、「見慣れている」ということです。

見慣れているものを、人間は「美しい」と感じるのです。

われわれがレオナルド・ダ・ヴィンチの『モナ・リザ』、ヨハネス・フェルメールの『真珠の耳飾りの少女』を美しいと思うのは、見慣れているからです。

一方で、ワシリー・カンディンスキーの抽象画に対しては、「なんだこれ、ありえない」という反応になります。

現代アート展に行くと、「こんなものが何億円？　ありえない。誰でも描ける」と、ムカついている人がいます。

絵を買った人も、「こっちのほうがいい」と言って、勝手に向きを変えてしまうのです。

現代アートを見て「わけがわからない」「誰でもできる」「値打ちがわからない」「意味がわからない」「気持ち悪い」「腹立たしい」「粗大ゴミ」……と感じるのは、今まで自分が見慣れていたモノではないからです。

見慣れているのは、今までの評価が確定しているものです。

フランスのアンデパンダン展は、官展のグランドサロンに落選した人が6ドル払えば出展できます。

アンリ・マティスの『緑のすじのあるマティス夫人の肖像』は、今でこそ凄い値打ちがついていますが、当時は誰でも参加できるアンデパンダン展にさえ拒否されたのです。

アンディ・ウォーホルの洗剤の箱を並べた作品『ブリロ・ボックス』があります。

洗剤の箱にはデザイナーがいます。

アンディ・ウォーホルは、その箱を木箱でまったく同じようにつくって、それを自分のこだわりで積み重ねたのです。

カナダで展覧会をする時に、その木箱が税関でひっかかりました。

アート作品は関税がかかりませんが、洗剤は関税がかかるのです。

わけのわからないことで動揺させて、もう一度考え直してもらうのが現代アートです。


だから面白いのです。

現代アートの作品は、アートだけでは完結しません。

それにムカついている人込みで現代アートです。

ムカついている人は作品の一部です。

必要な存在なのです。見慣れないものが世の中にあるとわかった瞬間、少々のことでは動揺しなくなります。

現代アートを見慣れてくると、鼻に緑の線があるぐらいはどうということはなくなるのです。

アート作品の中には、ここで紹介するのに忍《しの》びないような作品もあります。

観客に、「ふざけるな」と、ハンマーで叩き割られるのです。
作者は割られた作品の前でニッコリ写真を撮っています。
それも込みです。
割られたことで、作品は完成するのです。
これが1900年以降の現代アートです。
「イラッ」という感情を楽しめるようになると、悩まなくなるのです。

悩まない人の習慣

22 わけがわからない現代アートを見よう。

最初に手が触れたモノが、一番正解だ。

買い物に行っても迷う人がいます。

迷う時は、最初に手に触れたモノが正解です。

正直なのは、1番は手、2番は目です。

とことん迷うのは、パニックで頭がオーバーロードになった状態です。

そういう時は、いったん帰って頭を冷やしたほうがいいのです。

夢に出たり寝る前に思い出すモノが、買うモノです。

本屋さんでも、買うのは最初に手に取った本です。

その時は理屈とかは考えていません。

「なんだ、これ」とか「そんなうまくいくかよ」と、ツッコみながら買うのです。

悩まない人の習慣

23

最初に手が触れたモノを選ぼう。

2冊目からは理屈で考えています。
最初の1つは本能が選んでいます。
ここに迷いはありません。
2番目からは理屈で選んでいます。
お客様が迷い始めると、販売店の人は困ります。
でも、まったく心配はいりません。
お客様が最初に手に取ったものを勧めればいいのです。
お客様は、話をしながら、それをずっと見ています。
口はウソを言います。
目は正直です。
見ているモノを勧めれば、相手の迷いを断ち切れるのです。

バイクは、前に乗ると強気になり、うしろに乗ると、弱気になる。

男性はバイクのデートが好きです。

女性がしがみついてくれるからです。

クルマのデートでは、バイクのようなシチュエーションはありません。

バイクのうしろに人を乗せていると、1人で運転している時より強気になります。

クルマの運転は強気の人でも、バイクのうしろに乗ってハンドルを持たない状態では弱気になるのです。

悩んでいる状態は、バイクの後部座席に乗っている状態と同じです。

後部座席では、どんなに気の強い女性でも、弱気になってしがみつきます。それが男性にはテンションが上がるのです。しがみつかれた自分もテンションが上がります。

悩まない人の習慣

24

運転席に乗ろう。

映画『ローマの休日』で、王女様がバイクを運転するシーンがあります。

王女様はふだん、お付きの人たちの言うことを聞かなければならないので、好き勝手はできません。

「バイクを自分でハンドルを持って運転する」という行為によって、初めて自分の意思で行動できたのです。

王女様は、テンションが上がって、町中をかきまわしました。

顔はゴキゲンです。そこにかわいさもあります。

運転している瞬間は、ひとつも悩んでいません。

悩んでいる人は助手席に乗っている人と同じで、受け身になっています。

「誰かなんとかして」という状態が、悩んでいるということです。

運転席に乗れば、強気になれるのです。

最多敗は、最も多く戦わないとできない。

私は、ＴＶの将棋解説では加藤一二三《ひふみ》九段が好きです。

解説は、今戦っている両棋士《きし》の戦い方を説明するのが本来の趣旨です。

ひふみん（加藤一二三九段）の場合は、自分の世界に入ってしまうのです。

視聴者のこともまったく忘れています。

「今ちょっと加藤一二三九段が自分の世界に入ってしまいました」と、横にいる女流棋士が困っているのです。

「今、行きました」と言っても、ひふみんは「うん、ちょっと待って」と、盤を見ながらウーンとうなって、「終わった」と言います。

勝負をしている棋士より先に終わるのです。

加藤一二三九段は、最多敗記録者です。
史上最年少でプロになった人です。
藤井聡太四段の前の記録保持者です。
77歳で最多敗というのは、現役が長いということです。
普通は、負けが込んできたら、みずから引退します。
将棋の世界は、年齢制限があります。
負けが込んでくると降格して、早くクビになります。
最多敗を持っているということは、それだけ強いということです。
最多勝と同じぐらい、最多敗も強いのです。
負けが多いことは、悩みになりません。
失敗が多いことも、悩みになりません。
失敗が多いということは、失敗しても失敗しても、トライし続けている証拠です。
最多勝記録をとるのは、とてつもなく大変です。
次にとれるのは、最多敗記録です。

そのためには、どんどんトライして現役であり続け、失敗では誰にも負けないという失敗記録をつくればいいのです。

悩まない人の習慣

25

失敗記録をつくろう。

悩まない人は、意味を求めない。

悩んでいる人は、常に意味を求めます。

人間は、意味がわからないと苦しむのです。

悩まない人は、意味を求めません。

すべてのものに意味があるとは限らないのです。

意味のないものは、どうしても不安になりません。

意味がなければ、自分で意味をつけてしまえばいいのです。

現代アートの作者に「何を伝えたかったのですか」と問うたら、「それはあなたが考えてください」と言われます。そこでまた宙ぶらりんになります。

古典は「神様への思い」です。ルネサンス以降は「人間」を描いています。現代アートは「あなたが考えてください。特に意味はありません」と言われるのです。
展覧会に行った人の最後の頼みの綱《つな》は、タイトルです。
絵よりもタイトルに人が群《むら》がっています。そのタイトルの字が、また小さいのです。
タイトルに寄っていくと、前のオバチャンが立ちふさがっています。
それがどいて「やっと見れた」と思ったら、「無題」と書いてあります。
ここで突き放されます。
「無題2」「無題3」「無題4」……と並んでいるのです。
悩んでいる人は、現代アートを見たほうがいいのです。
癒しの絵を見たがるのは、わかりやすいからです。
わかりやすいものを見ることで、逆に悩みは大きくなるのです。

悩まない人の習慣

26

わかりやすいものを、求めない。

第4章

いまの悩みが将来の、財産になる。

——恵まれていないことに、感謝しよう。

下り坂になることで、本当の仲間が見つかる。

上り坂の右肩上がりの時はハッピーです。

人もたくさん集まってきます。

下り坂になると、人が突然離れていきます。

上り坂で集まった人が、下り坂で一気に減るのです。

私は、たくさんのベンチャー企業の経営者とつきあってきました。

ベンチャー企業はアップダウンが激しいのです。

下り坂になると、笑ってしまうぐらい、人が引いていきます。

政治家の選挙事務所も、当選した時は人が集まり、落選した時はガラリといなくなります。

さっきまで対立候補の事務所でお酒を飲んでいた人が、今は反対側の陣営で拍手したり、万歳三唱したり、それがＴＶに映っているのです。

そういうことは平気であります。

それでいいのです。

下り坂のいいところは、その時、本当の友達が残ることです。

調子のいい時に人が寄ってくるのは、一種のバブルです。

調子が悪くなって、誰もがいなくなった時に来てくれるのが、本当の友達です。

トンネルの冬の時代を経験することで、本当の仲間に出会えるのです。

悩まない人の習慣

27

トンネルの時代に、本当の仲間と出会おう。

緊張し続ける人は、もっと緊張することで、リラックスできる。

緊張することも悩みの１つです。

いけないのは、緊張することではなく、緊張し続けることです。

緊張し続けるのは、緊張を抑えようとするからです。

緊張のピークを過ぎたあとに、リラックスがあります。

だから、ジェットコースターから降りた人は笑っているのです。

緊張が続くのは、ピークまでです。

ピークは、できるだけ早く過ぎたほうがいいのです。

緊張することで、リラックスできる。

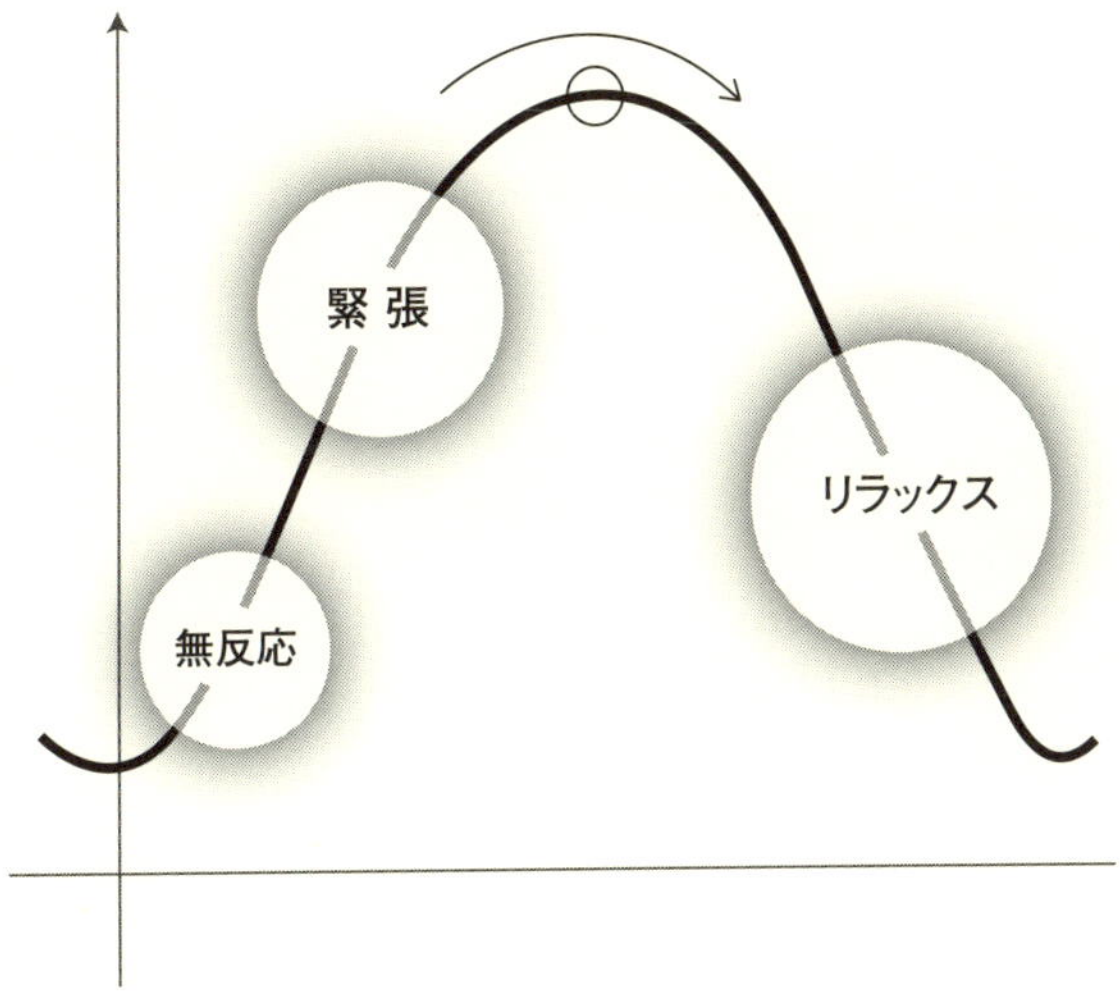

そのためには、もっと緊張すればいいのです。
私は、緊張している人に「もっと緊張してください」とアドバイスしています。
緊張の手前は、ただの無反応です。
ここにリラックスはないのです。
酔っぱらいに水を飲ませると、覚めるまで酔いが続きます。
酔っぱらいは、もっと強いお酒を飲ませて寝かせてしまったほうがいいのです。
そうしないと、ほかのお客様に迷惑がかかります。
緊張を抑えようとするのは、酔っぱらいに水を飲ませるのと同じです。
覚まして酔わせ、覚まして酔わせで、かえって緊張を長引かせるのです。

悩まない人の習慣

28

もっと緊張して、早く通り過ぎよう。

うまいかヘタかは、誰も見ていない。

「うまくできなかったらどうしよう」というのも、悩みの1つです。

うまいかヘタかなど、まわりの人は誰も見ていません。

気にしているのは本人だけです。

むしろ、うまいかヘタかにこだわっている感じがイヤらしいのです。

カラオケで「歌ってください」とか、ダンスホールで「踊りましょう」と言われた時に、「いや、私はヘタなので」と断る人がいます。

「なにうまくやろうとしているの？」と思います。

そのほうがイヤらしいです。

爽《さわ》やかなのは、ヘタなのに歌ったり踊ったりできる人です。

その人は、楽しいからそうしているのです。

踊りの原点、歌の原点は、うまく見せることではありません。

沖縄のおじい、おばあは、ふだんは声も小さいし、おとなしいのです。

ところが、感きわまると、突然立ち上がって、おじいが歌い始めます。

小さい声を聞くために、それまで耳のボリュームをマックスにしているので、よけいびっくりします。

歌声に合わせて、おばあも踊り始めます。

沖縄の結婚式には演台があります。

結婚披露宴に集まるのは、平均３５０人ぐらいです。

島中の遠い親戚がみんな集まってきます。

披露宴は、１日がかりで延々とやっています。

まず、各自の演芸披露があって、最後はみんなヘトヘトになるまで踊るのです。

悩んでいない人は鼻歌が歌えます。

鼻歌は、うまく歌おうとしない歌です。

悩まない人の習慣
29
鼻歌を、歌おう。

鼻歌をうまく歌おうとするのはイヤらしいです。
それは「鼻歌」ではなく、「発表」です。
鼻歌はカラオケボックスで歌う歌ではありません。
お風呂場で歌う歌です。気がついたら歌っているのです。
私は、歩いている時に、いつも鼻歌を歌っています。
歌っていない時は具合の悪い時です。
どこかしんどいと思ってもらっていいのです。
逆流性食道炎で痛かった時は、「今日は歌っていないね」と言われました。
歌うことも歌わないことも、自分の中では無意識でしていることなのです。

友達が少ない人ほど、密度が濃くなる。

友達が少ないことに悩んでいる人が多いのです。
友達は、増えれば増えるほど密度が薄くなります。
ネット社会は、いかに友達を増やすかという社会です。
フォロワー数を気にしたり、友達申請をするのは、そのためです。
友達を減らしたほうが、密度は濃くなります。
流行《はや》るお店は、いかにお客様を「減らすか」ということを考えています。
本も、読者の数を増やせば増やすほど、著者と読者は薄いつながりになっていきます。
そういう人は、次は買ってくれません。

読者の数が減れば減るほど、濃いお客様になるのです。

ＴＶの視聴者とラジオのリスナーとでは、ＴＶの視聴者のほうが圧倒的に数は多いです。

ただし、関係性が濃いのはラジオのパーソナリティとリスナーのほうです。

ラジオショッピングで洋服を買う人は、たくさんいます。

ラジオでは実物は見えません。

にもかかわらず、返品はＴＶショッピングよりはるかに少ないのです。

ＴＶでは「見たのと違う」と言われます。

ライトを当てて、モデルさんが着ているので、違うのは当たり前です。

モデルさんのスタイルだから、その服のカッコよさが出るのです。

ラジオは最初から見えないので、クレームもないのです。

ラジオの聴取率の調査は、あまり意味がありません。

結局は、はがきをくれる人との関係性が大切なのです。

年賀状の枚数がある一定量に増えた段階で、知らない人とのやりとりが続くことになります。

自分が知らないだけではありません。

相手もこちらを知らないのです。

年賀状が来るから出しているだけです。

出すのをやめた年に限って、向こうから来ます。次の年は向こうがやめたのに、こちらから出してしまうという往復ビンタになるのです。

1歩間違うと、2通来ることもあります。

その時点で、すでに誰だかわからなくなっているのです。

年賀状の枚数、メールの本数、スマホに入っているアドレスの数は、多ければいいというものではないです。

悩まない人の習慣

30 友達を増やそうとしない。

悩んでいる時に、アイデアが出る。

「本を書きたいのに、なかなかアイデアが浮かばないんです」と相談されます。

アイデアが出るのは、悩んでいる時です。

人間は、元気な時もあれば、悩んでいる時もあります。

本を読む人は、ちょっと悩んでいる人です。

本屋さんには、元気いっぱいでラブラブな人はあまり来ません。

ラブラブな人はデートに行っているからです。

突然、相手からの連絡が途切れたという人が本屋さんに来るのです。

悩んでいる人に共感できるのは、悩んでいる人です。

悩んでいる時に、アイデアが湧いてきます。

◎ 悩んでいる時にアイデアを出し、元気な時に実行する。

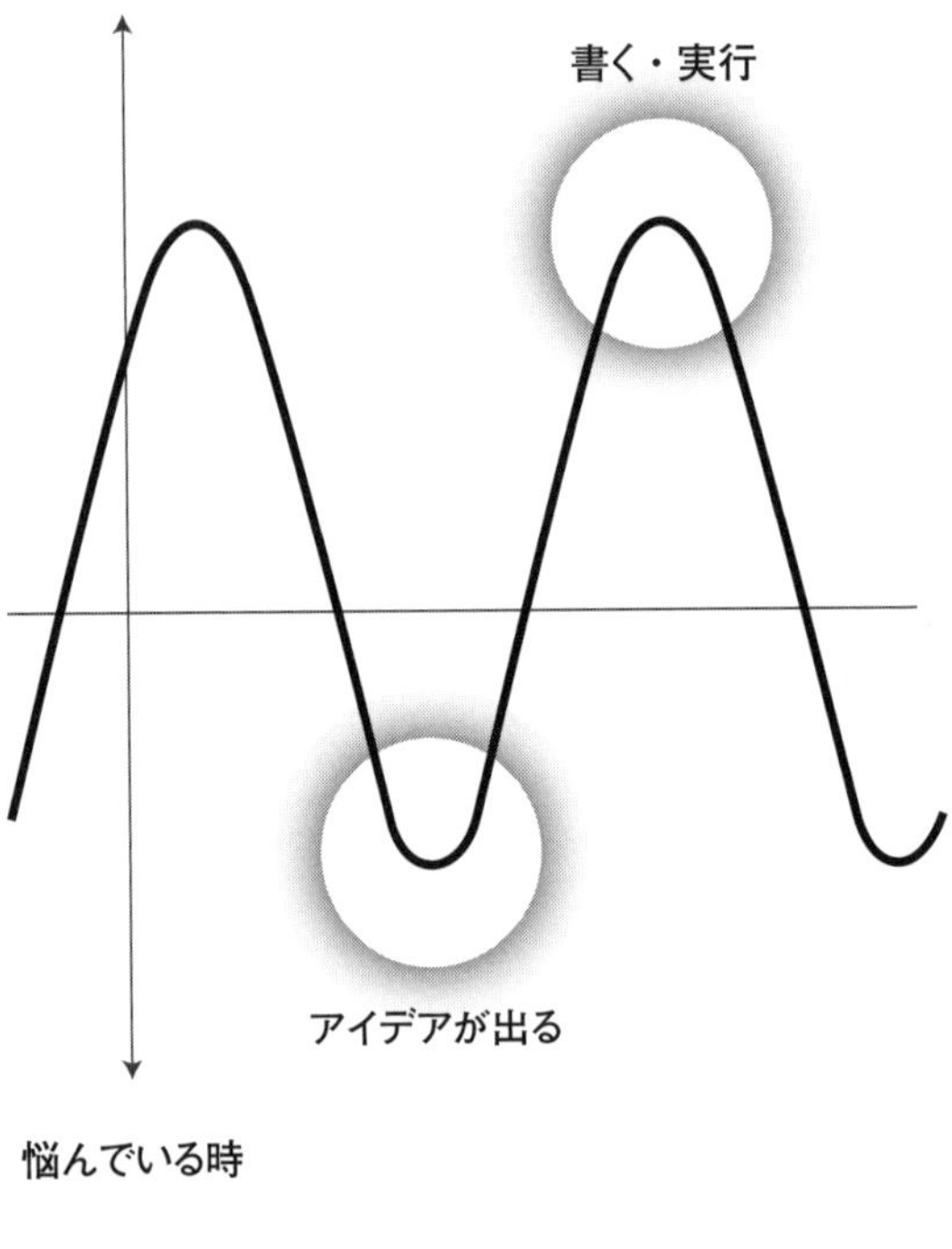

生まれてすぐ恋人にめぐり合って、いいところの家に生まれて、ご両親も愛情たっぷりで、ご学友にも恋人にも恵まれ、すてきな恋人と結婚をし、すてきな子どもたちに囲まれてハッピーな人に相談ごとをしても、意味がありません。

「そんなの簡単じゃない」と言われるだけです。

人を助けることができるのは、「それ、わかる。大変なんだよね」と、共感できる人なのです。

悩まない人の習慣

31

悩んでいる時に、アイデアを出そう。

落ち込んでいる時に書くと、負のオーラをバラまいてしまう。

悩んでいる時に文章を書くと、グチになります。

ネットでは、これが多いのです。すぐに配信できるからです。

書くなら元気な時に書くことです。本に限らず、仕事は元気な時に実行します。

不倫問題を起こしたミュージシャンは、自粛している間に曲をつくって、自粛明けでライブ活動が始まった時に、その歌を歌えばいいのです。

不倫はつらい体験です。

恋愛の曲を書くのに、こんなにつらい時期はないのです。

私は、落ち込んでいる時にはアイデアは出すけど、本を書かないようにしています。

書くものに「へこみ菌」が感染するからです。

それが読者に伝わって、読後感が悪くなります。

身の上相談で危ないのも、これです。相談を受ける側が落ち込んでいると、共感はできても、そのあとの爽快感がなくなります。

「悩んでいる時」と「元気な時」の両方が必要なのです。

時にはムチャクチャ悩んでいる時に本を書いてしまうこともあります。

それでも何度も原稿のチェックをする段階で、「これはちょっと書き方がきつい」と、気づく冷静さが生まれます。

本のいいところは、書くのに時間がかかることです。

これが本とネットとの違いなのです。

本に限らず、悩んでいる時に浮かんだアイデアを、元気な時に実行することです。

悩まない人の習慣

32

元気な時に、実行しよう。

悩む人が、悩む人の気持ちがわかる。

クヨクヨ悩んでいる人が竹を割ったような性格の人に相談ごとをしても、わかってもらえません。

悩まない上司は、部下の悩みがわからないのです。

天才は悩まない人ではありません。

人一倍悩んで、人一倍元気な人です。

「悩む」と「元気」の振り幅の大きい人が天才です。

そういう人が、人を助けられるのです。

今、自分が悩んでいるとしたら、ここがアイデアを出すチャンスです。

元気な時にアイデアを出そうとしても、なかなか出てきません。

悩んでいる時に実行しようとしても、負をばらまいてしまいます。
悩んでいる時にアイデアを出し、元気な時に実行します。
うまい具合に、2つを使い分ければいいのです。

悩まない人の習慣
33

元気を悩む人にあげよう。

美人でないほうが、魅力をつけるために、勉強と体験を身につけられる。

アイリス・アプフェルというファッショニスタがいます。

『アイリス・アプフェル！　94歳のニューヨーカー』という映画にもなっています。

アイリスは20代のころ、まわりの人から「あなたは美人ではないし、これからも美人ではないだろう」と、はっきり言われたのです。

アイリスは、素晴らしいだんなさんとめぐり合いました。

だんなさんは「この人しかいない」と思ったそうです。

アイリスさんの言葉に、「私は美人をたくさん知っている。みんな美人であることを

悩まない人の習慣

34

美人でないことに、感謝しよう。

頼りにして悩んでいる。私は美人に生まれず、将来も美人でないとお墨《すみ》つきをもらったので、人一倍の勉強と体験で魅力をたっぷりつけてきた。だから、私は美人でなくてよかった」というのがあります。

「美人」は、原油が出ることと同じです。

私も子どもの時に、妹に「君はペンギンに似ているから、容姿で勝負はできない。何かできることを早く見つけるといい」と言いました。

美人であればあるほど、気づくのが遅れます。

美人のアドバンテージを一生持つことはできないのです。

中途はんぱに美人だったら、「これで一生いけるのではないか」と錯覚します。

自分が美人でないと気づくことで、誰よりも早く勉強と体験のスタートを切ることができます。そこで勝てるのです。

お金不足は、アイデアを生む。時間不足は、工夫を生む。

悩んでいる人は、「お金がない」と言います。

「時間がない」「才能がない」「運がない」「上司に恵まれない」「部下に恵まれない」「人手がない」……と、常に文句を言っています。

何かが足りないことが、すべての悩みの原因です。

ただし、時間がふんだんにあると、スピードは遅くなります。

1日が240時間ある人は、スピードが遅い人になるのです。

時間が足りない時に、スピードが速くなり、工夫が生まれます。

アイデアが出るのも、お金が足りない時です。

本の製作費が無尽蔵《むじんぞう》にあると、表紙の撮影にアフリカまで行ってしまうでしょう。

悩まない人の習慣

35 不足に、感謝しよう。

そんなことができたら、その本はきっとつまらなくなります。

日本は世界有数の勤労意欲の強い国です。

それは資源がないからです。

原油が出る国では、税金ゼロ、教育費ゼロ、病院無料で、お金までもらえます。

そんな状態で勤労意欲が湧きにくいのです。

産油国で困っている問題は、国民の勤労意欲の低下です。

社会主義国も、勤労意欲がなくなったことで行き詰まったのです。

個人レベルでも同じことが言えます。

お金がないことでアイデアが出て、時間がないことで工夫が生まれ、スピードがついてきます。そうなった時に、仕事はますます楽しくなるのです。

第5章

悩みは工夫で、解決できる。

——気持ちを切り替えて、トラブルを遠ざけよう。

断りたいお誘いは、代替案を出す。夜の食事のお誘いは、ランチではどうですか。

好きじゃないけど、断ることができない人から、「ごはんを食べに行きましょう」と誘われたとします。

好きな人からならいいですが、そうとは限りません。

世の中には、いろいろな人がいます。

自分の好き嫌いもあるし、タイプもあります。

かといって、仕事上では、あながち断れないのです。

セクハラなら、セクハラと訴えることができます。

悩むのは、セクハラにならない時です。

自分のタイプではないだけで、悪い人ではないのです。

そういう人からデートのニュアンスでお食事に誘われた時にどうするかです。

ここで悩むのは、「断る」か「ガマンして行く」かの二者択一になるからです。

悩む人は、常に「AかBか」の二者択一で考えます。

「白か黒か」「オール・オア・ナッシング」「イエス・オア・ノー」の二者択一です。

一方、悩まない人は代替案《だいたいあん》（オルタネイティブ）を出します。

たとえば、夜のお誘いなら、「ランチでいかがですか」と提案します。

ランチなら、カウンターにいきなりホテルのキーを置かれるようなややこしいことにはなりません。アルコールも入らないし、終電も関係ないのです。

「1時から会議があるので、そろそろ戻らないと」と言うこともできます。

「ガマンして夜のお食事につきあう」と「断って気まずい空気になる」以外の方法があるのです。

「その日はちょっと」と言うと、「じゃあ、×日ならどう？」と言われます。

「その日もちょっと」と言うと、「いつならいいんだ」と、だんだん関係がややこしいことになっていきます。

「三ツ星レストランを用意したから」と言われたら、めんどくさいです。

たしかに三ツ星レストランには行きたいです。

でも、そこは好きな人にとっておきたいのです。

三ツ星レストランに行くかわりに、「私、行ってみたいおそば屋さんがあるんです」と言うのが代替案です。

おそばでは、どんなに頑張っても2時間も粘《ねば》れません。

「高級なおそば」にしておけばいいのです。

精神的な問題は、精神的に解決するのではなく、知識で解決します。

もうひとつの代替案を持っておくことが知識です。

知識は心のしんどさを軽くしてくれるのです。

悩まない人の習慣

36

お酒のお誘いは、お茶を提案しよう。

ムリな頼まれごとは、できる代替案を出す。

上司からムリな頼まれごとをされた時にどうするかです。

長時間労働が深刻な問題になっています。

悩むタイプは、まじめで完璧主義なのです。

「できるか、できないか」のオール・オア・ナッシングになりがちです。

その時、「全部はムリですけど、まず、これを先にさせてもらっていいですか」というのが、部分としての代替案です。

すべてがムリなのではありません。

たとえば、7割の部分はむずかしくても、3割の部分ならできるということもあります。

全部できない時は、まず、3割のところから始めます。

上司から部下への頼みごと、部下から上司への頼みごと、お客様からのオーダーにすべて対応しようとするから、「ムリです」ということになるのです。

「ムリ」と言った中にも、できる部分があります。

全体でこたえようとするから悩むのです。

部分でこたえれば、悩まなくなります。

そうこうしているうちに、3割すると、それだけで相手は満足します。

「10」と思っていたことが「3」ですむ可能性があるのです。

コミュニケーションの苦手な人は、まじめなので、すべてを伝えようと意気込みます。

勢いがありすぎて、相手からは怒鳴っているように聞こえます。

「そんなに怒鳴らないでよ」と言われて、黙ってしまうのです。

これは最悪です。

コミュニケーションで大切なのは、「怒鳴る」と「黙る」の間です。

怒鳴るタイプは、突然、黙ります。

「『怒鳴らないでよ』と言ったじゃない」と言うのです。

「1かゼロか」は、全体主義の発想です。

その間の「0・1」から「0・9」までに対応できることが、コミュニケーションで大切なのです。

悩まない人の習慣

37

全体でなく、できる部分を提案しよう。

大量の仕事の依頼は、急ぎのものを聞く。

上司から大量の仕事を頼まれました。
仕事には「繁忙期《はんぼうき》」と「農閑期《のうかんき》」があります。
締切直前の繁忙期に、突発的なアクシデントがあります。
誰かが休んだりして、大量の仕事を明日までにとお願いされるのです。
上司も忙しいですが、自分も忙しいのです。どう考えても、全部はムリです。
まじめな人は全部しようとして、悩みます。
状況を打開するには、自分が倒れるしかないのです。
倒れないためには、優先順位をはっきりすることです。
頼んでいる側には優先順位があります。

頼まれた側は、どれが急ぎなのかわかりません。

片っぱしから片づけていくと、往々にして優先順位の低いものを先にして、上司に怒られるのです。

上司に悪意があるわけではありません。

つい優先順位を伝え忘れていただけです。

上司を冷静にフォローするために、急ぎの順番を教えてもらうのです。

上司は「どれも急ぐけど、その中でも、まず、これから欲しいな」ということで、パニクった頭を整理できます。

優先順位を聞くことで、自分がパニックに巻き込まれずにすむのです。

悩まない人の習慣

38

優先順位を聞こう。

マナーは、苦手な人とそれ以上かかわらないためにある。

学校では、好きな友達とだけ一緒にいられます。
苦手な友達は、ラインを拒否にすればいいだけです。
社会に出ると、拒否はできません。
一番苦手なのは直属の上司です。会社で一番接しているのが直属の上司です。
隣の国が一番仲が悪いのと同じ構造です。遠い国は、特になんとも思いません。
究極、社員と社長は大体仲がいいのです。
それは利害関係があまりないからです。
おじいちゃんが孫におこづかいをくれるようなものです。
おじいちゃんとおばあちゃんは、利害関係がないから孫を甘やかすのです。

むずかしいのは、近い人です。

すぐ上の先輩、自分の担当のお客様とのかかわり方です。

同僚の担当のお客様は、いいお客様に見えます。

「あんなお客様に当たりたかった。なぜあのお客様は同僚の担当で、自分はよりにもよって、このお客様なのか」という状況です。

ここで役に立つのがマナーです。

苦手な人とは距離をとりたいのに、そういう人に限って近づいてきます。

これがしんどいのです。

相手にも自分を苦手と思ってほしいのに、そうはならないのです。

相手がこっちに来るのをとめることはできません。クマと同じで、逃げれば逃げるほど追いかけてきます。それを遮《さえぎ》る手段がマナーです。

通常、マナーをよくすると、相手と仲よくなれます。

マナーには裏の役割があります。

マナーをよくすることで、苦手な人がこれ以上入ってこられないように、きちんと壁をつくることができるのです。

皇室や貴族がマナーを持っているのは、それが結界（バリア）になるからです。

マナーよく「ありがとうございます」と言うことによって、相手はそれ以上入れなくなります。

マナーを身につけることで、自分のプライベートスペースを保てるのです。

勘違いしている人は、好きな人にはマナーをよくして、嫌いな人にはマナーをないがしろにします。嫌いな人とは話したくないので、向こうから来た時に横道に逃げたりするのです。これは逆効果です。

気づかないフリをすればするほど、相手はズカズカ入ってきます。苦手な人ほど、自分から先制攻撃で挨拶をして、見えないバリアを張ったほうがいいのです。

悩まない人の習慣

39

苦手な人にこそ、マナーよくしよう。

靴を磨くと、悩みが消える。

悩んでいる時は服装が乱れてきます。
服装が乱れてくると、メンタルが崩れてきます。
悩んでいる時ほど、服装をきちんとすることです。
たとえば、靴を磨くと、それだけで心が整います。
靴を磨いているというより、心を整えているのです。
女性は、ハイヒールの先とカカトに一番メンタルが出ます。
これが「脚下照顧《きゃっかしょうこ》」です。
自分の足元を振り返るということです。
相手の人は、女性の爪先とカカトを見ています。

男性の靴は、つま先とカカトが磨かれています。
つま先とカカトは、歩けばホコリがつきます。
ホコリがついていないのは、歩いていないからではなく、磨いているからです。
ここの余裕があるかとどうかです。
女性も、歩くと、つま先とカカトは傷《いた》みます。
そこをちゃんとすることで、メンタルを立て直せるのです。

悩まない人の習慣 40

つま先とカカトをちゃんとしよう。

制服をジャストサイズにすることで、悩みが消える。

郵便局で働いている加瀬智晃君は身長194センチです。

そのサイズの制服がよくあったものです。

加瀬君は、お客様のところに行ってクレーム対応をします。

署名が必要な書類を対面で受け取ることもあります。

大量の仕事を処理しなければならないので、メンタルをキープするのは、なかなか大変です。

加瀬君は、お直しの店に行って制服をジャストサイズに変えることで、メンタルの問題を解決しました。

制服は身長で横幅が決められています。

194センチに合う制服はダブダブです。

ほとんどの制服は、誰でも着られるように2サイズぐらい大きくつくられています。

パツパツの制服を着ている人はいないのです。

お直しの店に行って、自分でお金を払って制服をジャストサイズにするだけで、気分が全然違います。

クレーム対応でお客様のところに謝りに行く時も、ダボダボの服とジャストサイズの服とでは、印象がまったく違うのです。

制服は、本来、カッコいいものです。

ところが、ダボダボの制服を着たパイロットは、パイロットに憧れているオタクに見えるのです。

キャビンアテンダントさんの制服はサイズをはかってつくっているので、ダボダボの人はいません。

シンガポールエアラインのロングドレスの制服は、12カ所を採寸してつくっています。

悩まない人の習慣

41 制服をジャストサイズにお直ししよう。

お客様に人気なのは、ドレスがいいのではなく、ジャストサイズがいいのです。
今はパーティーグッズとして、いろいろな制服が売られています。
いまいちなのは、ジャストサイズがないからです。
たとえ制服でも、ジャストサイズにお直しすることで、心が整います。
「会社から配給された制服なので、直せません」ということではないのです。

横隔膜をやわらかくする。

悩んでいる時は、横隔膜《おうかくまく》がかたくなっています。
そのため、呼吸が浅くなります。
呼吸が浅くなるから、よけいイヤな悩みが吐き出せません。
悩みは、口呼吸で吐き出すのです。
呼吸をすると、血液の循環で老廃物が流れていきます。
呼吸は、新しい栄養と新鮮な酸素が脳に入っていくから大切なのです。
呼吸のもとは、横隔膜が動くことです。
横隔膜がカチカチになると、究極はしゃっくりになります。
しゃっくりは、横隔膜のけいれんです。

しゃっくりをしている時は呼吸が浅い状態です。

横隔膜のけいれんをとめるには、姿勢をよくして、深い呼吸をしてリラックスすることが大切です。

寝る時も、「横隔膜さん、落ちつこう。やわらかく」と、横隔膜をゆっくり動かしてあげます。

ヨガは、横隔膜を動かしているのです。

おなかをボコッとへこませて、内臓を奥までグッと入れて、背中とおなかがくっつきそうになっているのは、横隔膜がやわらかく上に上がっている状態です。

その結果、横隔膜がやわらかくなるのです。

悩まない人の習慣

42

姿勢をよくし、深い呼吸をしよう。

人を傷つけないために、自分を傷つけてしまうことで、悩みは生まれる。

「人を傷つけてはいけない」というのは、誰もが知っていることです。人を傷つけないために、自分を傷つけたり、犠牲になることを「ガマン」と言います。

人を傷つけないことと同じように、自分も傷つけないようにすることが大切です。

優しい人は、人を傷つけないように最大限の気を使って、「私がそのかわりに傷つきます」と言います。これでは、悩みは消えていきません。

悩まない人は、自分を大切にすることも忘れないのです。

悩まない人の習慣

43

人も自分も傷つけない。

人見知りは、爪をきれいにするだけで、直る。

「人見知りなんですけど」と相談に来る人が増えています。

家の外に出なくても、ネット上で世界中の人と会えます。

そのネット社会が孤立を生んでいるのです。

ネットは世界中とつながるために生まれたものです。

世界中とつながるネットワークが、逆に孤立を生み出して、人々が外へ出なくなっているのです。

その結果、「生身の人間と会うのが怖い」という人見知りの人が増えました。

人見知りは、直す方法があります。

人見知りの人の苦手な行為の1つは、ティッシュ配りです。

ティッシュ配りは、人見知りではできません。

目を合わさないで配っている人からは、ティッシュは受け取りたくありません。

配られているティッシュは、受け取りたい人と受け取りたくない人がいます。

それは、ティッシュ自体の差では決まりません。

「こんにちは」と言いながら、感じいい人はアイコンタクトがあります。

ぶっきらぼうに「こんにちは」と言ってティッシュを出されると、みんなよけて行きます。

こんな人でも、実験によって、受け取ってもらえるようになるのです。

それは、その人の人見知りが消えたということです。

実験では、まず最初に、人見知りの人たちにティッシュ配りをしてもらいます。

1時間に何個配れたか、データをとります。

次に、2つのチームに分けて、1つのチームの男女をネイルサロンに行かせます。

男性は、爪に色は塗りません。

磨いてコーティングするだけです。

ネイルサロンに行ったチームは、もう1回、そのあと1時間配らせると、圧倒的に配れるようになったのです。

2回目だから慣れたというわけではありません。

もう一方の、ネイルサロンに行かなかったチームの結果は変わらずです。

人見知りが直るのは、ネイルサロンに限りません。

たった1カ所でも、きれいにしただけで自己肯定感が上がります。

自信が生まれたということです。

自信は全体ではなく、部分で生まれるのです。

「あ、爪を切り忘れた」と気づいたり、「今日の服は完璧」と思っていたところに、ストッキングの伝線を見つけると、自信が失われます。

どちらも、人からは見えないところです。

男性が、靴下が破れていることを発見した時と同じです。

その日は座敷に上がらないので、靴は脱ぎません。

靴下が破れているのは1カ所です。

それでも、自信を失います。
人見知りは自己肯定感の低さです。
1カ所きれいにするだけで、その人の自己肯定感はアップできるのです。

悩まない人の習慣

44 まず1カ所だけ、きれいにしよう。

第6章

欲しくない答えも、受け入れよう。

――いま以上に、悩みを大きくしないコツ。

人のことを相談して、自分の問題から、逃げない。

悩み相談で多いのが、自分の身のまわりの人の話をする人です。

「私の上司が」「私の恋人が」「家族が」と言って、自分の話はいっさいしません。

もっと残念な人は、「○○さんをなんとかしてあげたいんです」と、自分の友達でもない関係ない人の話をします。

これは、怖くて自分のことを相談できないのです。

自分のことを相談して、「これはこうしたら?」とアドバイスされると、それをしなければならないからです。

人のことを相談している分に関しては、自分の問題に立ち向かわなくてすみます。

これは、自分のことから逃げている状態です。

逃げると、ますます悩みが深くなります。

悩んでいる人の話の共通点は、アガサ・クリスティやレフ・トルストイの作品のように、登場人物が多いことです。

トルストイの『戦争と平和』は、登場人物が500人以上出てきます。

ほとんどの人が1回しか出てこないので、覚える必要はありません。

読者が、あとの伏線かもしれないと思って、登場人物の名前を必死で覚えても、1回しか出てこないのです。

悩みの相談を聞く人間も、相談者の話に出てくる人物の名前を必死で覚えます。

話に出てきたAさんのことで悩んでいるのかと思うと、Aさんは1回しか出てこないということがあります。

相談ごとに、通行人の名前まではいらないのです。

相談者が登場人物を多くするのは、自分のことを隠すためです。

悩まない人は、相談ごとの登場人物は自分と、せいぜいもう1人までです。

それでいいのです。

恋人のことを相談するなら、登場人物は、自分と、もう1人だけです。

恋人の元カノの元カレまではいりません。

登場人物を増やして、自分の問題から話をそらそうとするのが、悩む人の悩み相談です。

一番肝心なところから話題をそらします。

物事をシンプルにするのではなくて、「複雑なんです」と言うのです。

悩まない人は、5分で悩み相談が終わります。

それで、「あ、そうなんだ」と、解決しているのです。

通常、私の個人レッスンは30分とっています。

悩まない人は、「7つ持ってきました」と言っても、すべての悩みがきわめてシンプルです。

「これはこうしたらどう？　僕だったらこうするけど」とアドバイスすると、「ワァ、解決した」と、5分で終わります。

これは逃げたのではありません。

本当に解決したのです。
解決した時は、最初は曇っていた顔が晴れやかになります。
中には、「解決しました」と言って、解決したフリを装《よそお》う人もいます。
こういう人は、まったく顔が晴れやかになりません。
それは、解決したような顔をして、この場から早く逃げたいと思っているのです。

悩まない人の習慣

45

考える時、登場人物を増やさない。

心のアクセルとブレーキを同時に踏まない。

悩む人は、相談の話の冒頭からわかりやすいです。

「えーっと、どこから話したほうがいいのか。話せば長いんですけど、そもそも10年前に……」と話し始めます。

まるで大河ドラマの1回目のようです。

お父さんの代の話から始まり、主人公が生まれて、「これが後の○○である」で第1回の話は終了という形です。

相談することを紙にびっしり書いてきて、「まず読んでください」と言う人もいます。

これは情報を攪乱《かくらん》するために書いたもので、本当の悩みとは関係ありません。

悩み相談に来ているのに、自分の悩みに近づかせないようにするのです。

相談を受けるほうにとっては、目の前に悩みを解決してほしい人と、解決してほしくない人の2人がいる状態です。

悩みを解決してほしくない自分が、話をできるだけ複雑化します。

悩まない人は、話をシンプルにします。

相談は、登場人物2人だけでいいのです。

ある人は、人脈相関図を持ってきました。

1人1人に、味方・中立・敵という意味で、○、△、×が打たれています。

改善すべきは自分です。

それなのに、自分ではなく、まわりの人の問題と置きかえているのです。

私がそのつどアドバイスすると、「わかりました。じゃ、やってみます」と言っていました。

私は、その人間関係に大分詳しくなりました。

あとになって、すべて架空だとわかりました。

登場人物は実在しますが、敵、味方はすべて自分の中でつくった話だったのです。

時には、三角関係もあります。

本人は、「自分は2人とつきあっている」と言います。

実際は、つきあっていません。

頭の中でつきあっているだけです。

「私は魔性《ましょう》の女のような気がして、罪の意識にさいなまれているんです。どうしたらいいでしょうか」と相談に来たのです。

これは、自分の本当の悩みから逃げている状況です。

別のものに置きかえて、自分の問題に立ち向かうことをできるだけ避けたいと思っているのです。

中には、「アドバイスはいりません」と言う人もいます。

「私の悩みを聞いてもらうだけでよくて、アドバイスはいりません」と言う人には、「それ、僕の担当じゃないと思います。僕はアドバイスをするのが仕事だから、悩みを聞いてもらうだけのお店へ行かれたほうがいいと思います」と、私は言います。

悩む人は、アドバイスをされると、自分が行動しなくてはならないから怖いのです。

解決するためには、何かにチャレンジしたり、自分のワクから抜け出す必要があります。

世の中には、成長したい人と変わりたくない人の2通りがいるのです。

変わりたくない人は、自分がアクションを起こすことを怖れています。

クルマのアクセルとブレーキを同時に踏んで、ブレーキが勝っている状態です。

サイドブレーキもかかっているので、クルマがきしんで火花が出てきます。

それでは、クルマは壊れます。

ペーパードライバーの主婦で、「私のクルマにはサイドブレーキがありません」と言う人がいます。そういう人は、サイドブレーキをずっとかけたまま、火花を出しながら走ったりします。やがてそのクルマは壊れます。

人間もクルマと同じです。

心が壊れていくのは、自分がよけいな心のブレーキをかけているからです。

ブレーキをかけていても、アクセルを踏まなければ壊れません。

ブレーキをかけているのにアクセルを踏んでしまうから、心が壊れるのです。

悩む人は、ブレーキをはずせばいいのです。

オートマチック車は、ブレーキをはずして、シフトレバーを「D」にするだけで勝手に動き始めます。

大切なのは、アクセルを踏むことよりブレーキをはずすことなのです。

悩まない人の習慣

46

心のブレーキをはずそう。

予測ははずれると、意欲が出る。

悩みのイライラは、思い通りの展開にならなかったというのが原因です。

「この子はヤル気がある」と思っていたら、突然「辞めます」と言われた時に、「エッ、どういうこと?」と驚きます。

「あなたのためには死んでもいい」と思ってくれていた恋人から、突然「好きな人ができました」と言われることもあります。

これは単純に、**予想と違ったということです。**

事実は、ただその人に新しい恋人ができただけです。

その時に、悩む人は、「ずっと自分の隣にいるはずだったのに、それはおかしいいんじゃないの?」「『一生、君のそばにいたい』と言ったのに、どういうこと?」と言います。短い例で言うと、「朝まで一緒にいたい」と言った人が、「やっぱり帰るわ」と言うこともあります。

これは、別に不自然なことではありません。気が変わっただけです。

予約のキャンセルという場合もあります。

結婚式の2日前に、「ウエディングドレスは、やっぱりこっちのデザインのほうがいい」と言う人がいます。

直前になってくると真剣になるので、「やっぱりこっちで」と変更するのです。

家の建てかえやリフォームでも、工務店さんはこれが一番困ります。

工事が始まってから、「お風呂場はこっちのほうがいい」と言われても、「それは基礎からやり直さないとできない」ということがあるからです。お客様からすると、別に違和感はありません。むしろ「でき上がる前に気がついてよかった」と考えています。ただ、工務店さんは「取り返しがつかないことはないけれども、工事は始まっているし、めんどくさいな」と思うのです。

自分の想定とズレたことをすべて「どういうこと？」と思う人は、悩む人です。

悩まない人の習慣

47

ハズレを楽しもう。

これをよく「失敗」と言います。相手からすると、失敗でもなんでもありません。単に、思いついたり、出会いがあっただけです。

この時、大切なことは、初めてのメニューや、「今日のオススメ」と書いてある知らないメニューを頼んで、出てきたものが大ハズレだったということを楽しむことです。

これが、ハズレ免疫性をつけるということです。

ハズレの免疫力がないと、当たりの時はハッピーでも、はずれた時に悩みます。

悩む人は、当たる確率を上げようと考えるのです。

トライの数が増えれば増えるほど、チャレンジすればするほど、当たる確率は下がります。むずかしいことをしているから当然です。

当たる確率なんて上げる必要はまったくありません。

悩まないためには、ハズレの免疫力をつけるだけでいいのです。

ミスを認めないことで、悩みは、大きくなる。

ミスをした時に悩む人がいます。

ミスをなんとか隠そうとします。

「私のせいではない」と言いわけしたり、「これは夢じゃ、夢じゃ」と言ったり、ミスをうやむやにすればするほど、悩みは大きくなります。

「私がやりました」「やってしまった」と言うまでが、一番しんどいのです。

「やっちまった」というひと言が言えたら、悩みはラクになります。

上司からすると、「やっちまった」は早く言ってもらったほうがラクです。

本人が自分でなんとかボヤを消そうと頑張るより、早く言ってもらうことで早期に対策を打てます。

それをずっと自分の中で頑張って持ち続けて、とうとう大火事になってから持ってこられても困ります。

しかも本人の口からではなく、外部から「どうなってるの？」と聞かれた場合、「聞いてません」とも言えません。

「聞いていない」と言うと、逃げたようになるからです。

自分がミスを認めず、「やっちまった」と言わないことによって、まわりに迷惑が広がっていくのです。

ラクになるのは、まず「やっちまった」と言ってしまうことです。

これは慣れてくると「またやっちまいました」と言いやすくなります。

言われた相手も、「また？」と、対策のノウハウがたまっていくのです。

悩まない人の習慣

48

ミスを認めよう。

独り言でモゴモゴ言うことで、悩みは大きくなる。

悩まない人は、「やっちまった」と、声に出して言える人です。

悩む人も、「やっちまった」と、心の中で言っています。

独り言でモゴモゴ言っているのです。

声には出ていません。

悩みは、「やっちまった」と、声に出した時に解決していくのです。

悩み続ける人は、独り言でブツブツ、モゴモゴ言ってしまうので、よけいアイデアが湧いてきません。

そのため、まわりの協力者も出てきません。

「何かある?」と言われた時に「大丈夫です」と言ってしまうので、まわりも気づかないのです。
「やっちまった」と言う時は、単純にモードをスピーカー機能にしておけばいいのです。

悩まない人の習慣

49

声に出そう。

変われないというのも、自分の強い信念だ。

アドバイスをさんざんしてもらって、「なるほど、なるほど」と聞いたあと、「でも、それってむずかしいですよね」と言う人がいます。

2時間の授業でも、「最後に何か質問ありますか」と言うと、「お話は大変よくわかりました。今日はいいお話をありがとうございました。とはいうものの、実行はなかなかむずかしい」と言う人がいます。

これは、信念が強い人です。

「私は変われない」という強い信念を持っているのです。

実際は、「変われない」という人ほど変われるのです。

「私は変われない」という強い信念を持っている人は、「私は変われる」という強い信念に変えることもできます。

「むずかしい」という強い信念を持っている人は、「簡単だ」という強い信念に変えればいいのです。

信念がないから、「私は変われない」と考えるのではありません。

「変われない」と言うのも信念なので、それを逆に生かせばいいのです。

悩まない人の習慣

50

「自分は変われる」と信じよう。

決断とは、信頼することだ。

決断は、思いきって決めることではありません。

相手を信頼することです。

たとえば、「こうしたらどう?」とアドバイスをされました。

そこで「あなたが言うんだから、そうしよう」と決めるのが決断です。

部下が、「信頼する上司が『こうしろ』と言うけど、このアイデアはどうなのかな」と言いました。

決断は、アイデアでは決められません。

「この人が言うんだから」と、相手を信頼しているかどうかです。

私のところに相談に来た人に「こうしたら?」と言うと、「本当にうまくいきますか」と言われました。

それは、アイデアを信じていないのではなく、言っている人を信じていないのです。

決断は、それを選んだ自分を信頼することも必要です。

たとえば、Aさんと Bさん、2人の男性から告白されました。

悩む人は、「私はBさんのほうがいいと思う。でも、私はいつも逆を選ぶんだよね。私が信用できない」と言います。

目の前の人とつきあうかどうか、結婚しようかどうか迷って決められない人は、「つきあっていいと思うけど、私は男を見る目がないんだよね」と、自分のことを信用していません。

どう行動するか迷った人が、「じゃ、コインで決めよう。表だったら、する。裏だったら、やめる」と、コインを投げました。

表が出ました。

すると、「このコインは信用できるのか。ひょっとしたら柄のかげんとかで重さが違う確率があるんじゃないか。10回勝負にしよう」と、コインを投げ続けました。

自分のことをとことん信じていないのです。
決断力があるかどうかは、信頼力が勝負なのです。

悩まない人の習慣

51

信頼しよう。

相談をコロコロ変えることで、悩みは大きくなる。

悩み続けてしまう人は、相談がコロコロ変わります。

普通は、1つの質問からずっとつながっていきます。

「どうしたらいいんですか」

「じゃ、こうしたらいいんじゃない？」

「そうした場合、何に気をつければいいですか」

と、アドバイスをどんどん深めていきます。

質問がコロコロ変わるタイプは、すべての質問から逃げています。

それ以上、突き詰めるのがイヤだからです。

そういう人は、大体紙に書いて持ってきます。

1ページにまず20個書いてあって、「あれ、まだ下にもあった。うわぁ」と、2枚目まで続きます。

すべてまったく関係ない、どうでもいい質問です。

相談時間の終わり間際になって、「本当に聞きたかったのは……」と言われると「エッ?」とビックリします。

アドバイスする側は1つ1つ真剣に答えているのに、今まで答えた中に本当に聞きたかったものはないということです。

アドバイスをすると、「私が聞きたいのはそういうことではなくて」と言われて、「いや、それに対して答えているんですけど」となることもあります。

これは、自分の問題から逃げまわっているのです。

根っこの本質にとにかく近づかせまいと、枝葉枝葉に逃げていくと、質問の数がひたすら増えて、100個の問題を解決しても、また次の100個が出てきます。

質問が100個ある時は、その中に本質はありません。

アドバイスする側は、相手の様子を見ながら根っこを見つけてアドバイスします。

悩まない人は、根っこのアドバイスをすぐに聞けます。

その一発ですべて解決します。

7つの質問を持ってきて、5分で解決するタイプの人です。

「あ、そうか。ということは、すべてこれで解決する」となるのが、悩まない人なのです。

悩まない人の習慣

52

自分の問題から、逃げまわらない。

何を選んだかではなく、何のために選んだかが大切だ。

悩みの中には、「あれはあれでよかったのか」という後悔もあります。

「AとBで、AではなくBを選んだけれども、ひょっとしたらAのほうがよかったかな」と考えても、比較のしようがありません。

同時に2つのことはできないからです。

映画『ツナグ』の中で、遠藤憲一さんはお母さんに病気のことを黙っていました。息子から「おばあちゃんだって、都合があるんだから、病気のことを言ってあげたほうがよかったじゃないか」と言われると、「長男のオレが決めたんだ」と言いながらも、告知したほうがよかったかもとクヨクヨ悩んでいました。

『ツナグ』という映画は、死んだ人に1回だけ会えるという設定です。

「お母様に会いたい理由は？」と聞かれた時に、遠藤憲一さんは口が悪い人物の役どころですが、「家を売りたいんだけど、権利書が見つからないから」と言いました。

母親役の八千草薫さんが息子役の遠藤憲一さんに会うと、「権利書の場所はあんたが知ってるじゃないか」と言いました。

「権利書が見つからない」というのは、ウソの口実だったのです。

会って聞きたかったことは、たった1つです。

「告知はしたほうがよかったんだろうか」と、遠藤憲一さんは聞きました。

この時、八千草薫さんは、「あんたが決めたことがよかったよ。あんたは優しさで告知しなかったんでしょう。それでいいんだよ。私はそれがうれしい」と答えました。

人生においては、何を選んだかではなくて、何のために選んだかが大切なのです。

本人に告知をするかしないか悩んだ時には、「相手に対する優しさのため」という基準で選べば、告知しても、告知しなくてもいいのです。

するかしないかではなくて、「それは何のためにするのか」と考えれば、迷いはありません。

逆の立場になった時は、**「この人が選んでくれたら、お任せ」と思える人は、悩みがないのです。**

レストランに行って、「今日のお任せは何ですか」と聞く人がいます。

お任せの中身を聞いてから、「じゃ、それをください」と言うのはおかしいです。

お店の人に、「今日のお任せは何ですか」と聞いて、「今日、これになっています」「じゃ、別のにします」となる人は、そもそもお任せを選べない人です。

愛で選んだことには、いっさいクヨクヨする必要はありません。

愛で選ばないと、選ばれた側より選んだ側がクヨクヨするのです。

悩まない人の習慣

53 愛で選んだことにクヨクヨしない。

第7章

うまくいかない人生も、楽しもう。

――悩みに、消耗されない生き方。

「死にたい」と感じるのは、「生きたい」からだ。

死にたい気持ちになったり、「死にたいんです」と相談を受けた時に、あわてる必要はありません。「死にたい」と言うのは、「生きたい」という叫びだからです。

本当に死にたい人は、死んでしまいます。

会社で「辞めたい」と言っている人は、「辞めたくない」という叫びです。

恋人の「別れたい」は、「別れたくない。なんとかして」という叫びです。

「別れたい」と言う相手に、「じゃ、別れようよ」と言うと、

「私はそんなことを言っているんじゃないじゃないの」

「いや、『別れたい』って君が言ったんじゃないの」

「言ってない！」となります。

たとえば、部下が「辞めたい」と言うと、「信じられない。こんなに教えているのに。ふざけるな。辞めたければ辞めればいいじゃないの」と言う上司がいます。

この時の部下のホンネは、「辞めたい」ではありません。「辞めたくない」です。「辞めたくない」という気持ちが、たまたま言葉として「辞めたい」になっているだけです。本当に辞めたい人は、「辞めたい」とは言いません。黙ってさっさと辞めていきます。本当に別れたい時も、「別れたい」とは言わないで、相手の前から姿を消します。別れ話は、めんどくさいものだからです。

「死にたい」という思いは、「生きたい」という思いの裏返しです。

まわりの人が「死にたい」と言った時も、自分が死にたいと思った時も、「生きたい」という本当の気持ちに気づくことが大切なのです。

悩まない人の習慣

54

生きたい自分を、認めよう。

自分の運命を嘆かない人は、悩まない。

悩まない人は、自分の運命に悩みません。

置かれた状況、与えられた材料に悩みません。

悩む人は、「なんでこんなふうに生まれたんだろう」「なんでこんな顔に」「こんな頭に」と、自分の運命を悩みます。

たとえば、仕事についても、

「本当はあの会社に入りたかったのに。なんでこんな会社に入ったんだろう」

「もっと大きい出版社に入りたかったのに、この会社に入ってしまった」

「もっと大きい会社のほうが、休みが多くて、給料が高かったのに」

「せめてこの会社に入ったら、あの著者の仕事をしたかったのに、なぜこの著者なのか」

と、ずっと悩むことを繰り返しているのです。

マージャンで言うと、配牌《はいぱい》やツモに文句を言うようなものです。

マージャンは、配牌とツモでまわってきたものをどう組み合わせていくかというゲームです。

ツモに文句を言っても始まりません。

役者は、与えられた役を精いっぱい演じるのが仕事です。

演じたい役を演じることではないのです。

与えられた役をどう精いっぱい演じるかが勝負です。

私はよく、キャスティングディレクターに「みんなが断った役があったら持ってきて」と言います。

みんなが「やりたくない」と言う役を、おいしい役にどう変えていけるかを楽しむのです。

すべての仕事は役者と同じです。

たとえ通行人でも、与えられた役をふてくされてしないことです。

主役なら頑張って、通行人なら頑張らないとか、いい役なら演じて、悪役なら演じたくないと思う人は、悩む人です。

私は死体でも演じたいと考えます。

「この死体、最後に起きるんじゃないか」という気配で、最後まで起きないというどんでん返しをしたいのです。

これが悩まない人です。

悩む人の究極は、運命を悩んでいるのです。

悩まない人の習慣 55

与えられた役を、演じよう。

愛とは、赦すことだ。

悩んでいる人は、社会の悪に対しても怒って「信じられない」「ありえない」と、いろいろ言います。

「赦せない」と言っているのです。

裁判所や政治家、ジャーナリストに任せればいい仕事、自分が被害を受けているわけではない他人ごとでも、悪を赦せません。

赦せないことが悪になります。

赦していかない限りは、悪をただ増やしていくだけです。

自分自身は、何か別のことで悩んでいるのです。

たとえば、習いごとをしているのに、ちっとも上達しませんでした。

そういう自分を、

「ドンくさいな。そのわりには頑張っているよね」

「ここまでドンくさい人間は、普通はやめるよ。でも、やめていない自分はすごくない？」

と、赦してやればいいのです。

究極、悩む人は自分も赦しきれません。

他者ではなく、自分に一番厳しいのです。

悩まないためには、まず自分を赦してあげることが大切なのです。

悩まない人の習慣

56

赦そう。

悩んでいる時は、おいしいを忘れている。

悩んでいる時の特徴は、「おいしい」という感覚を忘れてしまうことです。
そのため、何を食べているかわからなくなります。
味覚が意識から消えるのです。
悩むような心の状態になった時は、体から変えていけばいいのです。
味覚も、体の機能です。
悩んでいる時は、おいしいものを食べて「おいしい」を思い出します。
調子のいい時や元気な時は、「おいしい」と、すぐに感じます。
一生懸命頑張っていると、どんなに疲れていても「おいしい」と感じます。
ところが、悩み始めると、だんだんおいしさを忘れていきます。

そういう時は、ふと「これはおいしかったな」と気づいたら、悩みを抜け出していくキッカケになります。

食欲がなかったり、「食べ物ならなんでもいい」「何を食べているかわからない」「カロリーがとれればいい」という方向に転がっていくと、悩みの負のスパイラルから抜け出すことができません。

悩んでいる人は、おいしいものを食べに連れていけばいいのです。

女性が悩みから早く抜け出しやすいのは、「とはいうものの、おいしい」と気づくからです。

男性にはこの感覚がありません。

そもそも味覚情報にあまり興味がないのです。

悩まないためには、まずはおいしいものを食べに行って、味わって食べることです。

高級なものだけを食べる必要はありません。

コンビニのおにぎりも、おいしいです。

家族や好きな人と一緒に食べると、さらにおいしく感じられます。

悩まない人の習慣

57

味わって、食べよう。

好きな人と一緒に食べると、味わって食べられるからです。

イヤな人と一緒に食べると、早くこの時間を通り過ぎたいと思って、息をとめているので味わえないのです。

息をとめるのはＮＧです。

味は嗅覚《きゅうかく》が８割だからです。

息をとめると、味は感じられません。

風邪をひいている時に料理ができないのは、鼻が詰まっているからです。

大切なのは、味わって食べることなのです。

すべてのことに、白黒決着をつけなくていい。

「つまり」「要するに」「結局」と分けようとするのが、悩む人です。

悩むタイプは、「どっちなの？」と、とにかく分けたいのです。

悩まない人は、保留や、白黒の間のきわめてグレーなゾーンをつくっておいて、いったんそこにおさめます。

片づけができない人は、「残すもの」「捨てるもの」という2箱に分けようとするから、「これは……」と決められなくなるのです。

最初に分類すると、「残すもの」と「捨てるもの」が1割ずつで、8割が保留になります。

予選はそれでいいのです。

保留があっても、捨てるものは1割出ています。

保留がないと、途中で挫折してできなくなるのです。

未婚女性は、「私は結婚できるでしょうか」という悩み相談が一番多いです。

結婚している人は、「私はお金は大丈夫でしょうか」という相談になります。

この2つが悩み相談の大半を占めているのです。

たとえば、「結婚できるでしょうか」と聞いた時に、「こういう出会いがあります」と、先生からアドバイスされました。

悩む人から次に返ってくる言葉は、ほぼ9割が同じです。

「先生、その人はいい人ですか。悪い人ですか」「その人とつきあうことは、いいことですか、悪いことですか」と聞きます。

白黒決着つけるタイプは、時間軸がないのです。

いいか悪いかは、その瞬間瞬間の判断でしかありません。

「最初に出会った人との恋愛で、あなたは苦労します。そこであなたは学びを得て、次に出会った人とうまくいきます」と言われたら、最初に出会ったAさんに関しては悪いことです。

ところが、Ａさんに出会っていなければ、Ｂさんと出会えません。

仮に、Ａさんと出会わずにＢさんと出会うと、しくじります。

どのレンジで話しているかで、いいことなのか悪いことなのかが変わります。

学ぶための苦労をしないと、次に本当に出会った時にうまくいきません。

人生においては、「こんな人に会わなければよかった」と、単純に白黒決着はつけられないのです。

悩まない人の習慣

58

白黒決着つけない。

ガマンするより、ケンカするほうが、仲よくなる。

ガマンするか、ケンカするかと考えた時、悩まない人は「おかしいんじゃないの、これ」と、ケンカします。

悩む人はガマンします。

ガマンでは、結局解決しません。

ガスが抜けていないからです。

ケンカは、ガスが抜けるから仲よくなるのです。

誤解のモトが解決したり、「同じこと言ってたの？」と、言葉の定義が違っていたことがわかったりします。

ケンカしたあとは、人間はバランスをとるために、より仲よくなろうとします。

ガマンしている間は、「こっちはガマンしているのに」と、ケンカするよりもっとくすぶった状態が延々と続きます。

ケンカする時に大切なことは、礼儀正しくすることです。

ケンカは相手にぶつかっていく行為なので、せめて言葉づかいはきれいにします。

たとえば、「ぶち殺す」というケンカ言葉があります。

きれいな言葉づかいにすると、「ぶち殺しますわよ」となります。

単に「ぶち殺す」と言うのはNGです。

語尾に「ますわよ」という丁寧語をつけておくのが、礼儀正しいケンカのルールなのです。

悩まない人の習慣 59

ガマンしないで、礼儀正しくケンカしよう。

失敗しそうになって、リセットしない。失敗してから、リセットしていい。

ゲームが誕生して以来、日常にも「リセット」という言葉が定着しました。

日常生活において、リセットをしていいかどうか迷う人がいます。

これにはルールがあります。

「失敗しそうになった時に、リセットしないこと」です。

失敗したら、リセットしていいのです。

悩まない人は、失敗しそうになった時にリセットはしないで、失敗したらリセットします。

悩み続ける人は、失敗しそうになるとリセットして、失敗したあとはリセットしません。

だからつらいのです。

たとえば、フラれそうになったので、自分から別れを言い出しました。

これが、失敗しそうになった時のリセットです。

そのあと、別れたことをずっとグジグジグジ考えます。

「あんな人と出会わなければよかった」と言いながら、その人のことをずっと思い続けたり、破った写真を貼り続けたりします。

アドバイスをして、後日「どうでした?」と聞くと、「いや、やっていない。うまくいかないと思ったからやらなかった」と言う人がいます。

これが悩み続ける人です。

リセットは、失敗したあとにするほうが悩まなくてすむのです。

悩まない人の習慣

60

失敗したら、リセットしよう。

引退後は、無価値ではない。

スポーツ選手は、引退後の進路に悩みます。
人によっては、一歩間違うと麻薬まで行ってしまいます。
もう一方で、第2の人生（セカンドライフ）へ入っていく人もいます。
この違いは、引退後に無価値感を感じるかどうかです。
引退後は、決して無価値ではありません。
今までの素晴らしい業績は、それはそれで価値があることです。
引退後の人生は、また新たな価値を生み出すために一から勉強すればいいのです。
前の価値で生きていこうとするのではなく、新しいことを学びます。
引退後の桑田真澄さんは、もう1回勉強して早稲田大学に入り、スポーツを勉強して、大学で教えています。

桑田さんは、前のことをただダイレクトに利用するのではなく、体験の上に勉強を加えて、自分にしかできないことをしているのです。

これが、価値を生み出すということです。

ところが、無価値感を感じながら、前の肩書でなんとかしていこうとすると、苦しくなります。

悩まないためには、自分と肩書を区別して考えることです。

「元○○」という肩書を引っぱっていこうとすると、悩みの一番のモトになります。

悩みのモトにしがみつかないことが大切です。

いつまでも肩書にしがみついていると、そこには悩みしかないのです。

悩まない人の習慣

61

自分と肩書を区別しよう。

笑っていると、脳はハッピーと勘違いする。

「どんな状況でも、あの人は笑っているから悩んでいない」

「悲しそうな顔をしているから、あの人は悩んでいる」

という判断は、間違っています。

悩みごとがあっても、笑っている人はいます。これが悩まない人です。

悩みごとがあるから、悩むのではありません。

悩みごとがあっても悩まない人と、悩みごとがなくても悩む人がいるのです。

悩む人に、「悩みごとは何ですか」と聞くと、「いろいろあって大変なんです。でも、どれから言っていいかわからない」と、最後まで言いません。

大した悩みごとはないのに、悩んだ顔をしているだけです。

「そのほうがカッコいい。みんながかまってくれる」と思っているからです。

本当にカッコいいのは、悩みごとがあるのに、ひとつもそれを見せない、おくびにも出さない人です。

もう1つ大切なことは、笑っていると、脳は「なんだ、大したことじゃないんだな」と勘違いするのです。

そうすると、脳がアイデアを出します。

悩み始めると、アイデアは出ません。

脳の回転が悪くなるからです。

悩まない人の1つの作戦は、笑うことです。笑って、脳を勘違いさせるのです。

脳は全知全能で高性能の精密機械と思われていますが、意外にこんな簡単な手口でだますこともできるのです。

悩まない人の習慣

62

笑おう。

エピローグ

幸福とは、悩みのない状態ではない。
不安をムリに消そうとしない。
今するべきことをする。

幸福とは、悩みのない状態ではない。

不安をムリに消そうとしない。

今するべきことをする。

悩んでいる人は、今の心の不安をなんとか取り除こうとします。

これで負のスパイラルに入ります。

不安は、そのままにしていいのです。

幸福とは、悩みのないことではありません。

ハッピーな人にも、ちゃんと悩みはあります。悩みも込みのハッピーです。

悩みを排除しようとすればするほど、新しい不安が生まれてきます。

悩みを取り除くのに時間を使うよりは、今するべきことをしたほうがいいのです。

たとえば、近親者が亡くなった時は、葬式のダンドリ、役所の届け、お香典のお返しなど、することがたくさんあります。

知らない親戚が突然あらわれて、「あれ誰?」という事態も起こります。

そういうことにも対応しなければなりません。

お葬式は、忙しいから、いいのです。笑ってしまうぐらい、何をどうすればいいかがわからなくなるぐらい、てんてこ舞になることが大切です。

仕事が忙しいのは、いいことです。悩んでいる人は、ヒマなのです。

悩んでいる時に休むのは逆効果です。

忙しく仕事をしていると、悩んでいるヒマはなくなります。

仕事をすると、必然的に没頭します。

好きなことでも、しなければいけない仕事でも、なんでもいいのです。

頭の中を悩みに占拠《せんきょ》されない方法は、悩みを排除するのではなく、別のことに没頭することが幸福なのです。

悩まない人の習慣

63

忙しくしよう。

『なぜかモテる人がしている42のこと』
(イースト・プレス　文庫ぎんが堂)
『一流の人が言わない50のこと』
(日本実業出版社)
『輝く女性に贈る　中谷彰宏の魔法の言葉』
(主婦の友社)
『「ひと言」力。』**(パブラボ)**
『一流の男　一流の風格』**(日本実業出版社)**
『変える力。』**(世界文化社)**
『なぜあの人は感情の整理がうまいのか』
(中経出版)

『人は誰でも講師になれる』
(日本経済新聞出版社)
『会社で自由に生きる法』
(日本経済新聞出版社)
『全力で、1ミリ進もう。』**(文芸社文庫)**
『「気がきくね」と言われる人のシンプルな法則』**(総合法令出版)**
『なぜあの人は強いのか』**(講談社+α文庫)**
『3分で幸せになる「小さな魔法」』
(マキノ出版)
『大人になってからもう一度受けたいコミュニケーションの授業』
(アクセス・パブリッシング)
『運とチャンスは「アウェイ」にある』
(ファーストプレス)
『大人の教科書』**(きこ書房)**
『モテるオヤジの作法2』**(ぜんにち出版)**
『かわいげのある女』**(ぜんにち出版)**
『壁に当たるのは気モチイイ人生もエッチも』**(サンクチュアリ出版)**
『ハートフルセックス』[新書]
(KKロングセラーズ)
書画集『会う人みんな神さま』**(DHC)**
ポストカード『会う人みんな神さま』
(DHC)

[面接の達人]**(ダイヤモンド社)**

『面接の達人　バイブル版』

『受験生すぐにできる50のこと』
『高校受験すぐにできる40のこと』
『ほんのささいなことに、恋の幸せがある。』
『高校時代にしておく50のこと』
『中学時代にしておく50のこと』

【PHP文庫】
『もう一度会いたくなる人の話し方』
『お金持ちは、お札の向きがそろっている。』
『たった3分で愛される人になる』
『自分で考える人が成功する』
『大学時代しなければならない50のこと』

【だいわ文庫】
『いい女の話し方』
『「つらいな」と思ったとき読む本』
『27歳からのいい女養成講座』
『なぜか「HAPPY」な女性の習慣』
『なぜか「美人」に見える女性の習慣』
『いい女の教科書』
『いい女恋愛塾』
『やさしいだけの男と、別れよう。』
『「女を楽しませる」ことが男の最高の仕事。』
『いい女練習帳』
『男は女で修行する。』

【学研プラス】
『美人力』(ハンディ版)
『嫌いな自分は、捨てなくていい。』

【阪急コミュニケーションズ】
『いい男をつかまえる恋愛会話力』
『サクセス＆ハッピーになる50の方法』

【あさ出版】
『孤独が人生を豊かにする』
『「いつまでもクヨクヨしたくない」とき読む本』
『「イライラしてるな」と思ったとき読む本』

【きずな出版】
『いい女は「涙を背に流し、微笑みを抱く男」とつきあう。』
『いい女は「紳士」とつきあう。』
『いい女は「言いなりになりたい男」とつきあう。』
『いい女は「変身させてくれる男」とつきあう。』
『ファーストクラスに乗る人の自己投資』
『ファーストクラスに乗る人の発想』
『ファーストクラスに乗る人の人間関係』
『ファーストクラスに乗る人の人脈』
『ファーストクラスに乗る人のお金2』
『ファーストクラスに乗る人の仕事』
『ファーストクラスに乗る人の教育』
『ファーストクラスに乗る人の勉強』
『ファーストクラスに乗る人のお金』
『ファーストクラスに乗る人のノート』
『ギリギリセーーフ』

【ぱる出版】
『察する人、間の悪い人。』
『選ばれる人、選ばれない人。』
『一流のウソは、人を幸せにする。』
『セクシーな男、男前な女。』
『運のある人、運のない人』
『器の大きい人、小さい人』
『品のある人、品のない人』

【リベラル社】
『一流の話し方』
『一流のお金の生み出し方』
『一流の思考の作り方』
『一流の時間の使い方』

【秀和システム】
『自分を変える　超時間術』
『楽しく食べる人は、一流になる。』
『一流の人は、〇〇しない。』
『ホテルで朝食を食べる人は、うまくいく。』
『なぜいい女は「大人の男」とつきあうのか。』
『服を変えると、人生が変わる。』

【水王舎】
『「人脈」を「お金」にかえる勉強』
『「学び」を「お金」にかえる勉強』

『成功する人は、教わり方が違う。』
(河出書房新社)
『一歩踏み出す5つの考え方』
『一流の人のさりげない気づかい』
(KKベストセラーズ)
『なぜあの人は40代からモテるのか』
(主婦の友社)
『輝く女性に贈る　中谷彰宏の運がよくなる言葉』**(主婦の友社)**
『名前を聞く前に、キスをしよう。』
(ミライカナイブックス)
『ほめた自分がハッピーになる「止まらなくなる、ほめ力」』**(パブラボ)**

【オータパブリケイションズ】
『せつないサービスを、胸きゅんサービスに変える』
『レストラン王になろう2』
『改革王になろう』
『サービス王になろう2』
『サービス刑事』

【あさ出版】
『気まずくならない雑談力』
『人を動かす伝え方』
『なぜあの人は会話がつづくのか』

【学研プラス】
『迷わない人は、うまくいく。』
文庫『すぐやる人は、うまくいく。』
『シンプルな人は、うまくいく。』
『見た目を磨く人は、うまくいく。』
『決断できる人は、うまくいく。』
『会話力のある人は、うまくいく。』
『片づけられる人は、うまくいく。』
『怒らない人は、うまくいく。』
『ブレない人は、うまくいく。』
『かわいがられる人は、うまくいく。』
『すぐやる人は、うまくいく。』

『一流のナンバー2』**（毎日新聞出版社）**
『リーダーの技術』**（リベラル社）**
『なぜ、あの人は「本番」に強いのか』**（ぱる出版）**
『「お金持ち」の時間術』**（二見書房・二見レインボー文庫）**
『仕事は、最高に楽しい。』**（第三文明社）**
『「反射力」早く失敗してうまくいく人の習慣』**（日本経済新聞出版社）**
『伝説のホストに学ぶ82の成功法則』**（総合法令出版）**
『リーダーの条件』**（ぜんにち出版）**
『成功する人の一見、運に見える小さな工夫』**（ゴマブックス）**
『転職先はわたしの会社』**（サンクチュアリ出版）**
『あと「ひとこと」の英会話』**（DHC）**

［恋愛論・人生論］

【ダイヤモンド社】
『なぜあの人は感情的にならないのか』
『なぜあの人は逆境に強いのか』
『25歳までにしなければならない59のこと』
『大人のマナー』
『あなたが「あなた」を超えるとき』
『中谷彰宏金言集』
『「キレない力」を作る50の方法』
『お金は、後からついてくる。』
『中谷彰宏名言集』
『30代で出会わなければならない50人』
『20代で出会わなければならない50人』
『あせらず、止まらず、退かず。』
『明日がワクワクする50の方法』
『なぜあの人は10歳若く見えるのか』
『成功体質になる50の方法』
『運のいい人に好かれる50の方法』
『本番力を高める57の方法』
『運が開ける勉強法』
『ラスト3分に強くなる50の方法』
『答えは、自分の中にある。』
『思い出した夢は、実現する。』
『習い事で生まれ変わる42の方法』
『面白くなければカッコよくない』
『たった一言で生まれ変わる』
『スピード自己実現』
『スピード開運術』
『20代自分らしく生きる45の方法』
『受験の達人2000』
『お金は使えば使うほど増える』
『大人になる前にしなければならない50のこと』
『会社で教えてくれない50のこと』
『大学時代しなければならない50のこと』
『あなたに起こることはすべて正しい』

【PHP研究所】
『メンタルが強くなる60のルーティン』
『なぜランチタイムに本を読む人は、成功するのか。』
『なぜあの人は余裕があるのか。』
『中学時代にガンバれる40の言葉』
『叱られる勇気』
『中学時代がハッピーになる30のこと』
『頑張ってもうまくいかなかった夜に読む本』
『14歳からの人生哲学』

中谷彰宏　主な作品一覧

[ビジネス]

【ダイヤモンド社】
『50代でしなければならない55のこと』
『なぜあの人の話は楽しいのか』
『なぜあの人はすぐやるのか』
『なぜあの人の話に納得してしまうのか[新版]』
『なぜあの人は勉強が続くのか』
『なぜあの人は仕事ができるのか』
『なぜあの人は整理がうまいのか』
『なぜあの人はいつもやる気があるのか』
『なぜあのリーダーに人はついていくのか』
『なぜあの人は人前で話すのがうまいのか』
『プラス1%の企画力』
『こんな上司に叱られたい。』
『フォローの達人』
『女性に尊敬されるリーダーが、成功する。』
『就活時代しなければならない50のこと』
『お客様を育てるサービス』
『あの人の下なら、「やる気」が出る。』
『なくてはならない人になる』
『人のために何ができるか』
『キャパのある人が、成功する。』
『時間をプレゼントする人が、成功する。』
『ターニングポイントに立つ君に』
『空気を読める人が、成功する。』
『整理力を高める50の方法』
『迷いを断ち切る50の方法』
『初対面で好かれる60の話し方』
『運が開ける接客術』
『バランス力のある人が、成功する。』
『逆転力を高める50の方法』
『最初の3年その他大勢から抜け出す50の方法』
『ドタン場に強くなる50の方法』
『アイデアが止まらなくなる50の方法』
『メンタル力で逆転する50の方法』
『自分力を高めるヒント』
『なぜあの人はストレスに強いのか』
『スピード問題解決』
『スピード危機管理』
『一流の勉強術』
『スピード意識改革』
『お客様のファンになろう』
『大人のスピード時間術』
『なぜあの人は問題解決がうまいのか』
『しびれるサービス』
『大人のスピード説得術』
『お客様に学ぶサービス勉強法』
『大人のスピード仕事術』
『スピード人脈術』
『スピードサービス』
『スピード成功の方程式』
『スピードリーダーシップ』
『大人のスピード勉強法』
『一日に24時間もあるじゃないか』
『出会いにひとつのムダもない』
『お客様がお客様を連れて来る』
『お客様にしなければならない50のこと』
『30代でしなければならない50のこと』
『20代でしなければならない50のこと』
『なぜあの人の話に納得してしまうのか』
『なぜあの人は気がきくのか』
『なぜあの人はお客さんに好かれるのか』
『なぜあの人は時間を創り出せるのか』
『なぜあの人は運が強いのか』
『なぜあの人にまた会いたくなるのか』
『なぜあの人はプレッシャーに強いのか』

【ファーストプレス】
『「超一流」の会話術』
『「超一流」の分析力』
『「超一流」の構想術』
『「超一流」の整理術』
『「超一流」の時間術』
『「超一流」の行動術』
『「超一流」の勉強法』
『「超一流」の仕事術』

【PHP研究所】
『もう一度会いたくなる人の聞く力』
『[図解]仕事ができる人の時間の使い方』
『仕事の極め方』
『[図解]「できる人」のスピード整理術』
『[図解]「できる人」の時間活用ノート』

【PHP文庫】
『入社3年目までに勝負がつく77の法則』

■著者紹介

中谷彰宏（なかたに・あきひろ）

1959年、大阪府生まれ。早稲田大学第一文学部演劇科卒業。84年、博報堂に入社。ＣＭプランナーとして、テレビ、ラジオＣＭの企画、演出をする。91年、独立し、株式会社中谷彰宏事務所を設立。ビジネス書から恋愛エッセイ、小説まで、多岐にわたるジャンルで、数多くのロングセラー、ベストセラーを送り出す。「中谷塾」を主宰し、全国で講演・ワークショップ活動を行っている。

■公式サイト　http://www.an-web.com/

本の感想など、どんなことでも、
あなたからのお手紙をお待ちしています。
僕は、本気で読みます。　　　　　中谷彰宏

〒162-0816　東京都新宿区白銀町1-13
きずな出版気付　中谷彰宏行

※食品、現金、切手などの同封は、ご遠慮ください（編集部）

中谷彰宏は、盲導犬育成事業に賛同し、この本の印税の一部を（公財）日本盲導犬協会に寄付しています。

悩まない人の63の習慣

2017年8月1日　第1刷発行

著　者　　中谷彰宏

発行者　　櫻井秀勲
発行所　　きずな出版
東京都新宿区白銀町1-13　〒162-0816
電話03-3260-0391　振替00160-2-633551
http://www.kizuna-pub.jp/

装　幀　　福田和雄（FUKUDA DESIGN）
編集協力　ウーマンウエーブ
印刷・製本　モリモト印刷

ISBN978-4-86663-007-6

きずな出版

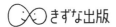